福建省服務海西重大研究項目、國家社科基金重大項目子課題

馬重奇◎主編

《增補彙音》整理及研究

馬重奇◎編著
無名氏◎原著

中国社会科学出版社

圖書在版編目（CIP）數據

《增補彙音》整理及研究／馬重奇编著．—北京：
中國社會科學出版社，2022.4
（清代民初閩方言韻書整理及研究叢書）
ISBN 978－7－5203－9757－5

Ⅰ.①增…　Ⅱ.①馬…　Ⅲ.①閩北話—韻書—研究
Ⅳ.①H177.1

中國版本圖書館 CIP 數據核字(2022)第 027913 號

出 版 人　趙劍英
責任編輯　張　林
責任校對　周晓东
責任印製　戴　寬

出　　版　中國社會科學出版社
社　　址　北京鼓樓西大街甲 158 號
郵　　編　100720
網　　址　http://www.csspw.cn
發 行 部　010－84083685
門 市 部　010－84029450
經　　銷　新華書店及其他書店

印刷裝訂　北京明恒達印務有限公司
版　　次　2022 年 4 月第 1 版
印　　次　2022 年 4 月第 1 次印刷

開　　本　710×1000　1/16
印　　張　19.25
插　　頁　2
字　　數　318 千字
定　　價　116.00 元

總　　序

馬重奇

一　中國古代韻書源流與發展概述

古人把傳統語言學叫做“小學”。漢代稱文字學為“小學”，因兒童入小學先學文字，故名。隋唐以後，範圍擴大，成為“文字學”“音韻學”和“訓詁學”的總稱。至清末，章炳麟認為小學之名不確切，主張改稱“語言文字之學”。現在統稱為“漢語研究”。傳統的語言學以研究古代文獻和書面語為主。

漢語音韻學研究也有一個產生、發展、改革的過程。早在先秦兩漢時期就有關於字詞讀音的記載。主要有以下諸類：（1）譬況注音法：有急言、緩言、長言、短言、內言、外言等。它們都是大致描繪的發音方法，卻很難根據它準確地發出當時的音來，更無法根據它歸納出當時的音系。（2）直音法：隨著漢代經學的產生和發展，注釋家們在為先秦典籍下注解時開始使用“直音”法。這是以一個比較常用的字給另一個同音字注音的方法。直音法的優點是簡單明瞭，一看就懂，也克服了譬況注音法讀音不確的弊病，但自身也有很大局限性。（3）讀若，讀如：東漢許慎在《說文解字》中廣泛應用的“讀若”，就是從直音法發展而來的。“讀若”也叫“讀如”，主要用於注音。用讀若時，一般用一個常見的字進行解釋，有時常常引用一段熟悉的詩文，以該字在這段詩文中的讀音來注音。（4）反切法：真正的字音分析產生於東漢末年，以反切注音法的出現為標誌。反切就是利用雙聲、疊韻的方法，用兩個漢字來拼另一個字的讀音。這是古人在直音、讀若基礎上進一步創造出來的注音方法。反切是用兩個字拼合成另一個字的音，其反切上字與所切之字聲母相同，反切下字與所切之字韻母和聲調相同。即上字取聲，下字取韻和調。自從反切出現之後，古人注釋經籍字音，便以它為主要手段。編撰韻書，也大量使用反切。

四聲的發現與歸納，對韻書的產生與發展也起著極為重要的作用。據《南齊書·陸厥傳》記載："永明末盛為文章，吳興沈約、陳郡謝朓、琅邪王融，以氣類相推轂。汝南周顒，善識聲韻。約等文皆用宮商，以平、上、去、入為四聲，以此制韻，不可增減，世呼為永明體。"《梁書·庾肩吾傳》："齊永明中，文士王融、謝朓、沈約文章始用四聲，以為新變，至是轉拘聲韻，彌尚麗靡，複逾於往時。"四聲的發現與歸納以及反切注音法的廣泛應用，成為古代韻書得以產生的基礎條件。

古代韻書的出現，標誌著音韻學真正從注釋學中脫胎出來成為一門獨立的學科。據考證，我國最早的韻書是三國時魏國李登所撰的《聲類》。在隋朝陸法言《切韻》以前，就有許多韻書出現。據《切韻·序》中說："呂靜《韻集》、夏侯詠《韻略》、陽休之《韻略》、周思言《音韻》、李季節《音譜》、杜台卿《韻略》等，各有乖互。"《隋書·經籍志》中也提到：《四聲韻林》二十八卷，張諒撰；《四聲韻略》十三卷，夏侯詠撰，等等。遺憾的是，這些韻書至今都蕩然無存，無法窺其真況。總之，韻書的製作到了南北朝的後期，已是空前鼎盛，進入"音韻鋒出"的時代。這些韻書的產生，為《切韻》的出現奠定了很好的基礎和條件。隋代出現的對後世影響最大的陸法言《切韻》則是早期漢語音韻學的集大成之作。爾後，唐宋時人紛紛在它的基礎上加以增補刊削，有的補充若干材料，分立一些韻部，有的增加字數，加詳注解，編為新的韻書。其中最著名的有唐王仁昫所撰的《刊謬補缺切韻》，孫愐所撰的《唐韻》，李舟所撰的《切韻》以及宋代官修的《廣韻》《集韻》等一系列韻書。這些韻書對韻的分析日趨精密，尤其是《廣韻》成為魏晉南北朝隋唐時期韻書的集大成著作。以上所介紹的韻書都是反映中古時期的韻書，它們在中國音韻學史上的貢獻是巨大的，影響也是非常深遠的。

唐末和尚守溫是我國古代最初使用字母來代表聲母的人。他按照雙聲字聲母讀音相同的原則，從所有漢字字音中歸納出三十個不同的聲母，並用漢字給它們一一標目，這就是《敦煌綴瑣》下輯錄守溫"三十字母"。這"三十字母"經過宋人的整理增益，成為後代通行的"三十六字母"。

唐宋三十六字母的產生導致了等韻學的產生和發展。等韻學是漢語音韻學的一個分科。它以漢語的聲韻調系統及其互相配合關係為研究對像，而以編制等韻圖作為表現其語音系統的手段，從而探求漢語的發音原理和發音方法。宋元時期的重要等韻圖大致可以分為兩大類：第一類是反映《切韻》音系的韻圖，如南宋福建福州人張麟之刊行的宋佚名的《韻鏡》，福建莆田人鄭樵撰的《七音略》，都是根據《切韻》中的小韻列為 43 圖，每個小韻的代表字在韻圖中各佔有一個位置；第二類是按當時的實際語音對《切韻》語音系統進行了調整，如託名宋司馬光的《切韻指掌圖》，佚名的《四聲等子》，元劉鑒的《經史正音切韻指南》，均不再按韻書中的小韻列圖，只列 20 個韻圖或 24 個韻圖。

明清時期的等韻學與宋元等韻學一脈相承，其理論基礎、基本原則和研究手段都是從宋元等韻學發展而來，二者聯繫密切。然而，明清時期的韻圖，已逐漸改變了宋元時期韻圖的型制。其表現為兩個方面：一則由於受到理學思想以及外來語音學原理對等韻的影響；二則由於語音的不斷發展變化影響到韻圖編制的內容和格式。根據李新魁《漢語音韻學》考證，明清時期的韻圖可以分為五種類型：一是以反映明清時代的讀書音系統為主的韻圖，它們略帶保守性，保存前代的語音特點較多。如：明袁子讓《字學元元》、葉秉敬《韻表》、無名氏《韻法直圖》、李嘉紹《韻法橫圖》、章黼《韻學集成》和清李光地、王蘭生《音韻闡微韻譜》，樊騰鳳《五方母音》等。二是以表現當時口語的標準音——中原地區共同語標準音為主，它們比較接近現代共同語的語音。如：明桑紹良《青郊雜著》、呂坤《交泰韻》、喬中和《元韻譜》、方以智《切韻聲原》和無名氏《字母切韻要法》等。三是在表現共同語音的基礎上，加上“音有定數定位”的觀念，在實際的音類之外，添上一些讀音的虛位，表現了統包各類讀音的“語音骨架”。如：明末清初馬自援《等音》、清林本裕《聲位》、趙紹箕《拙庵韻語》、潘耒《類音》、勞乃宣《等韻一得》等。四是表現各地方音的韻圖，有的反映北方話的讀法。如：明徐孝《重司馬溫公等韻圖經》、明代來華傳教的法國人金尼閣（Nieolas Trigault）《西儒耳目資》、張祥晉《七音譜》等；有的顯示南方方言的語音，如：陸稼書《等韻便讀》、清吳烺《五聲反切正韻》、程定謨《射聲小譜》、晉安《戚林八音》、黃謙《彙音妙悟》、廖綸璣《拍掌知音》、無名氏《擊掌知音》、謝秀嵐《雅俗通十五音》、張世珍《潮聲十五音》等。五是表現宋元時期韻書的音系的，它們是屬於“述古”的韻圖。如：無名氏《等韻切音指南》、江永《四聲切韻表》、龐大堃《等韻輯略》、梁僧寶《切韻求蒙》等①。

古音學研究也是漢語音韻學研究中的一個重要內容。它主要是研究周秦兩漢語音系統的學問。嚴格地說是研究以《詩經》為代表的上古語音系統的學問。我國早在漢代就有人談到古音。但古音學的真正建立是從宋代開始的。吳棫撰《韻補》，創“古韻通轉”之說；程迥著《古韻通式》，主張“三聲通用，雙聲互轉”；鄭庠撰《古音辨》，分古韻為六部。明代陳第（福建連江人）撰《毛詩古音考·序》提出“時有古今，地有南北，字有更革，音有轉移”的理論，為清代古音學的建立奠定了理論基礎。到了清代，古音學達到全盛時期。主要的古音學家和著作有：顧炎武《音學五書》、江永《古韻標準》、戴震《聲韻考》和《聲類表》、段玉裁《六書音韻表》、孔廣森《詩聲類》、王念孫《合韻譜》、嚴可均《說文聲類》、江有誥《音學十書》、朱駿聲《說文通訓定聲》等。

音韻學還有一個分支，那就是“北音學”。北音學主要研究以元曲和《中原音韻》為代表的近代北方話語音系統。有關北音的韻書還有元人朱宗文的《蒙古字韻》、卓從之的《中州樂府音韻匯通》，明人朱權的《瓊林雅韻》、無名氏的《菉斐軒詞林要韻》、王文璧的《中州音韻》、范善臻的《中州全韻》，清人王鵕的《中州全韻輯要》、沈乘麐的《曲韻驪珠》、周昂的《增訂中州全韻》等。

二　福建近代音韻學研究概述

從永嘉之亂前至明清，中原人士陸續入閩定居，帶來了許多中原的文化。宋南渡之後，大批北方著名人士蜂擁而來，也有不少閩人北上訪學，也將中原文化帶回閩地。如理學開創者周敦頤、張載、程顥、程頤、邵雍等都在北方中原一帶，不少閩人投其門下，深受其影響。如崇安人遊酢、

① 李新魁：《漢語等韻學》，中華書局2004年版。

將樂人楊時曾受業于二程。他們返回閩地後大力傳播理學，後被南宋朱熹改造發揚為“閩學”。

自宋迄清時期，福建在政治、思想、文化、經濟等均得到迅速發展。就古代“小學”（包括音韻、文字、訓詁）而言，就湧現出許許多多的專家和著作。宋朝時期，福建音韻學研究成果很多。如北宋邵武黄伯思的《古文韻》，永泰黄邦俊的《纂韻譜》，武夷山吳棫的《韻補》《毛詩補音》《楚辭釋音》，莆田鄭樵的《七音略》；南宋建陽蔡淵的《古易叶音》，泉州陳知柔的《詩聲譜》，莆田劉孟容的《修校韻略》，福州張鱗之刊行的《韻鏡》等。元明時期音韻學研究成果也不少，如元朝邵武黄公紹的《古今韻會》，邵武熊忠的《古今韻會舉要》《禮部韻略七音三十六母通考》；明朝連江陳第的《毛詩古音考》《屈宋古音義》《讀詩拙言》，晉江黄景昉的《疊韻譜》，林霍的《雙聲譜》，福清林茂槐的《音韻訂訛》等。清代音韻學研究成果十分豐碩。如安溪李光地的《欽定音韻闡微》《音韻闡微韻譜》《榕村韻書》《韻箋》《等韻便覽》《等韻辨疑》《字音圖說》，閩侯潘逢禧的《正音通俗表》，曹雲從的《字韻同音辨解》，光澤高澍然的《詩音十五卷》，閩侯陳壽祺的《越語古音證》，閩侯方邁的《古今通韻輯要》，晉江富中炎的《韻法指南》《等韻》，惠安孫經世的《韻學溯源》《詩韻訂》，王之珂的《占畢韻學》等。

以上韻書涉及上古音、中古音、近代音、等韻學，為我國漢語音韻學史作出了巨大貢獻，影響也是很大的。

三　閩台方言韻書說略

明清時期的方言學家們根據福建不同方言區的語音系統，編撰出許許多多的便於廣大民眾學習的方言韻書。有閩東方言韻書、閩北方言韻書、閩南方言韻書、潮汕方言韻書、臺灣閩南方言韻書以及外國傳教士編撰的方言字典、詞典等。

閩東方言韻書有：明末福州戚繼光編的《戚參軍八音字義便覽》（明末）、福州林碧山的《珠玉同聲》（清初）、晉安彙集的《戚林八音》（1749）、古田鐘德明的《加訂美全八音》（1906），福安陸求藻《安腔八音》（十八世紀末）、鄭宜光《簡易識字七音字彙》（清末民初）等。

閩北方言韻書有：政和明正德年間陳相手抄本《六音字典》（1515）和清朝光緒年間陳家箎手抄本《六音字典》（1894）；建甌林瑞材的《建州八音字義便覽》（1795）等。

閩南方言韻書有：連陽廖綸璣的《拍掌知音》（康熙年間）、泉州黃謙的《彙音妙悟》（1800，泉州音）、漳州謝秀嵐的《彙集雅俗通十五音》（1818）、無名氏的《增補彙音》（1820）、長泰無名氏的《渡江書十五音》（不詳）、葉開恩的《八音定訣》（1894）、無名氏《擊掌知音》（不詳，兼漳泉二腔）。

潮汕方言韻書有：張世珍的《潮聲十五音》（1907）、江夏懋亭氏的《擊木知音》（全名《彙集雅俗十五音全本》，1915）、蔣儒林《潮語十五音》（1921）、潮安蕭雲屏編的《潮語十五音》（1923）、潘載和《潮汕檢音字表》（1933）、澄海姚弗如改編的《潮聲十七音》（1934）、劉繹如改編的《潮聲十八音》（1936）、鳴平編著肅穆改編《潮汕十五音》（1938）、李新魁的《新編潮汕方言十八音》（1975）等。

大陸閩方言韻書對臺灣產生重大影響。臺灣語言學家們模仿大陸閩方言韻書的內容和形式，結合臺灣閩南方言概況編撰新的十五音。反映臺灣閩南方言的韻書主要有：臺灣現存最早的方言韻書為臺灣總督府民政局學務部編撰的《臺灣十五音字母詳解》（1895，臺灣）和《訂正臺灣十五音字母詳解》（1901，臺灣）等。

以上論著均為反映閩方言的韻書和辭書。其數目之多可以說居全國首位。其種類多的原因，與閩方言特別複雜有著直接的關係。

四　閩方言主要韻書的整理及其研究

福建師範大學漢語言文字學專業是2000年國務院學位委員會審批的二級學科博士學位授權點，也是2008年福建省第三批省級重點學科。2009年，該學科學科帶頭人馬重奇教授主持了福建省服務海西重大研究項目“海峽西岸瀕危語言學文獻及資料的挖掘、整理與研究”。經過多年的收集、整理和研究，擬分為兩個專題組織出版：一是由馬重奇教授主編的“清代民初閩方言韻書整理及研究”叢書；二是由林志強教授主編的

“閩籍學者的文字學著作研究” 叢書。2010 年馬重奇教授又主持了國家社科基金重大招标項目“海峽兩岸閩南方言動態比較研究”，也把閩方言韻書整理与研究作為子課題之一。

“清代民初閩方言韻書整理及研究” 叢書的目錄如下：1.《〈增補彙音妙悟〉〈拍掌知音〉整理及研究》；2.《〈彙集雅俗通十五音〉整理及研究》；3.《〈增補彙音〉整理及研究》；4.《〈渡江書十五音〉整理及研究》；5.《〈八音定訣〉整理及研究》；6.《〈潮聲十五音〉整理及研究》；7.《〈潮語十五音〉整理及研究》；8.《〈潮聲十七音〉整理及研究》；9.《〈擊木知音〉整理及研究》；10.《〈安腔八音〉整理及研究》；11.《〈加訂美全八音〉整理及研究》；12.《〈建州八音字義便覽〉整理及研究》。

關於每部韻書的整理，我們的原則是：

1. 每本新編閩方言韻書，均根據相關的古版本以及學術界相關的研究成果進行校勘和校正。

2. 每本方言韻書均以原韻書為底本進行整理，凡韻書編排較亂者，根據韻字的音韻學地位重新編排。

3. 韻書有字有音而無釋義者，根據有關工具書補充字義。

4. 凡是錯字、錯句或錯段者，整理者直接改之。

5. 通過整理，以最好的閩方言韻書呈現於廣大讀者的面前，以滿足讀者和研究者學習的需要。

至於每部韻書的研究，我們的原則是：

1. 介紹每部韻書的作者、成書時間、時代背景、各種版本。

2. 介紹每部韻書在海內外學術界的研究動態。

3. 研究每部韻書的聲韻調系統，既做共時的比較也做歷時的比較，考證出音系、音值。

4. 考證出每部韻書的音系性質以及在中國方音史上的地位和影響。

“清代民初閩方言韻書整理及研究” 叢書的順利出版，首先要感謝福建省人民政府對“福建省服務海西重大研究項目‘海峽西岸瀕危語言學文獻及資料的挖掘、整理與研究’”經費上的支持！我們還要特別感謝中國社會科學出版社張林編審的鼎立支持！感謝她為本套叢書的編輯、校對、出版所付出的辛勤勞動！

在本書撰寫過程中，著者們吸收了學術界許多研究成果，書後參考書目中已一一列出，這裡不再一一說明，在此一併表示感謝！然而，由於著者水準所限，書中的錯誤在所難免，望學術界的朋友們多加批評指正。

2021 年 5 月於福州倉山書香門第

目　　錄

《增補彙音》與漳州海澄方言音系

馬重奇

《增補彙音》是繼謝秀嵐編著的《彙集雅俗通十五音》之後的地方韻書。《彙集雅俗通十五音》是一部反映 19 世紀初閩南漳州府漳浦县方言音系的韻書。《增補彙音》的著者不詳，書首有嘉慶庚辰年（1820）“壺麓主人”序，三十韻。此書版本甚多，主要有：漳州素位堂木刻本；民國十七年（1928）上海大一統書局石印本 64 開 6 卷本；1937 年嘉義捷發漢書局手抄影印本；1961 年臺灣地区林梵手抄本；1981 年臺灣地区瑞成書局再版影印本。

一　《增補彙音》韻書之所本

關於《增補彙音》韻書之所本，筆者著重從以下諸方面來闡明。

（一）《增補彙音》是《彙集雅俗通十五音》的改編本

《增補彙音》是《彙集雅俗通十五音》的改編本，其書名有“增補刪削《彙集雅俗通十五音》之意”。《增補彙音・序》云：

> 凡音由心生也。切音之起，肇自西域婆羅門，而類隔反紐等式自是備矣。夫聲韻之學惟中州最厚，中氣而中聲，又無日不存于人心者也。自魏晉有李登聲韻、吕靜韻集，是時音有五、而聲未有四也。迨梁沈休文撰四聲一卷，而聲韻始有傳訣。但地囿南北，方言各異，遐陬僻壤，難以悉通，廣韻、唐韻、集韻，愈出而彌詳，然其書浩繁，農工商賈不盡合於取資焉，唯十五音一書出於天地自然之聲，一呼應

而即得於唇齒，又切於尋常日用之事，一檢閱而可藏於巾箱。昔經付梨棗，流傳已廣，中或有所未備者，因詳加校易其舛錯，至於釋解，雖間用方言，而字畫必確遵字典，斯又足見海濱自有鄒魯，而日隆書文，必至大同也。是為序。時嘉慶庚辰仲秋朔。壺麓主人題。

據此序可知：(1）序中所說的《十五音》，即漳州東苑謝秀嵐《彙集雅俗通十五音》，說明《十五音》在當時影響之大，流傳之廣；(2)《增補彙音》是在《彙集雅俗通十五音》的基礎上增補其“有所未備者”，並“詳加校易其舛錯”；(3)《增補彙音》在釋解方面，“雖間用方言”，但其字畫則是遵從“字典”，此即《康熙字典》；（4）《增補彙音》三十“字組”中並非全部文讀音，也間有白讀音。(5)《增補彙音》刊於嘉慶庚辰，即嘉慶二十五年（1820)，《彙集雅俗通十五音》刊於嘉慶二十三年（1818)，二者僅相差兩年。

（二）關於卷數、韻目、韻序的對照排比

《彙集雅俗通十五音》共分 8 卷，共 50 韻。書首列“字母共五十字”(原版用紅黑兩色套印，今凡黑字，指白讀音；其紅字，指文讀音)。《增補彙音》是在《彙集雅俗通十五音》的基礎上刪除白讀音、保留文讀音編撰而成，共六卷，“字祖八音共三十字”。現將兩種韻書韻目之間比較如下表：

卷次	《彙集雅俗通十五音》	《增補彙音》	卷次	《彙集雅俗通十五音》	《增補彙音》
第一卷	君堅金規嘉	君堅金歸家	第五卷	江兼交迦檜	江蒹交伽藒
第二卷	干公乖經觀	干光乖京官	第六卷	監艍膠居ㄐ	葩龜箴璣趋
第三卷	沽嬌稽恭高	姑嬌稽宮高	第七卷	更褌茄梔薑驚官鋼伽閑	——
第四卷	皆巾姜甘瓜	皆根姜甘瓜	第八卷	姑姆光閂糜嘄箴爻扛牛	——

上表可見，《彙集雅俗通十五音》前 30 個韻部和《增補彙音》30 個韻部基本上相同。《增補彙音》僅收錄《彙集雅俗通十五音》的文讀音，刪除了全部鼻化韻和少數的文讀音。《彙集雅俗通十五音》有 50 個韻部 85 個韻母，而《增補彙音》則只有 30 個韻部 59 個韻母。二者相比較，

有兩方面不同：(1)《增補彙音》比《彙集雅俗通十五音》少了 20 個韻部：其中鼻化韻 15 個，即監［ã/ãʔ］、更［ɛ̃/ɛ̃ʔ］、梔［ĩ/ĩʔ］、薑［iɔ̃］、驚［iã］、官［uã］、褌［uĩ］、間［ãi］、姑［õu］、閂［uãi/uãiʔ］、糜［uẽi/uẽiʔ］、嘄［iãu/iãuʔ］、爻［ãu/ãuʔ］、扛［ɔ̃/ɔ̃ʔ］、牛［iũ/iũʔ］；聲化韻 2 個，即鋼［ŋ］、姆［m/mʔ］；陰聲韻 2 個，即伽［e/eʔ］、茄［io/ioʔ］；陽聲韻 1 個，即光［uaŋ/uak］。(2) 兩部韻書的韻母也不盡相同：《彙集雅俗通十五音》有 85 個韻母，其中 15 個陽聲韻均配有入聲韻，收輔音韻尾［-p、-t、-k］；35 個陰聲韻，其中有 22 個韻也配有入聲韻，收喉塞韻尾［-ʔ］，有 13 個韻則不配入聲韻。而《增補彙音》只有 59 個韻母，其中陽聲韻 14 個，比《彙集雅俗通十五音》少一個光韻，也是收輔音韻尾［-p、-t、-k］；16 個陰聲韻，其中有 15 個韻也配有入聲韻，收喉塞韻尾［-ʔ］，只有歸韻則不配入聲韻。

（三）關於十五音（即 15 個聲母字）的對照比較

《彙集雅俗通十五音》次列“切音十五字字頭起連音呼”：柳邊求去地頗他曾入時英門語出喜；更次列“呼十五音法，餘皆仿此”：柳理邊比求己去起地底頗鄙他恥曾止入耳時始英以門美語禦出取喜喜。而《增補彙音》“切音共十五字呼起”：柳邊求去地頗他曾入時鶯門語出喜字頭起連音呼。請看下表：

韻書	兩種韻書的聲母比較及其擬音						
彙集雅俗通十五音	柳［l/n］	邊［p］	求［k］	去［k‘］	地［t］	頗［p‘］	他［t‘］	曾［ts］
增補彙音	柳［l/n］	邊［p］	求［k］	去［k‘］	地［t］	頗［p‘］	他［t‘］	曾［ts］
彙集雅俗通十五音	入［dz］	時［s］	英［ø］	門［b/m］	語［g/ŋ］	出［ts‘］	喜［h］	
增補彙音	入［dz］	時［s］	鶯［ø］	門［b/m］	語［g/ŋ］	出［ts‘］	喜［h］	

通過考證，漳州這兩種十五音的聲母字及其擬音是基本上相同的，只有零聲母［ø］，《彙集雅俗通十五音》寫作“英”，《增補彙音》寫作“鶯”。其中“柳”“門”“語”三母分別置於閩南話非鼻化韻母和鼻化韻

母之前分別讀作［l/n］、［b/m］、［g/ŋ］，“入”母均讀為［dz］，從19世紀初葉迄今均如此。

（四）關於調類的對照排比考察

《彙集雅俗通十五音》最後列“五十字母分八音”（下僅列前八個字母）：漳州音無下上聲（即陽上），《彙集雅俗通十五音》作者為了補足“八音”，以“下上”來配“上上”，但所有“下上聲”都是“空音”，卷內注明“全韻與上上同”，意思是說漳州音實際上只有七調，根本就沒有下上聲。《增補彙音》“三十字分八音”：實際上只有七調：上平聲、上上聲、上去聲、上入聲、下平聲、下上聲、下入聲；上去聲例字與下去聲例字同，似乎沒有下去聲，但《增補彙音》的下上聲實際上就是下去聲。反映清代泉州方言的《彙音妙悟》卷首也附有“八音念法”，八音俱全，即上平聲、上上聲、上去聲、上入聲、下平聲、下上聲、下去聲、下入聲。因此，有人懷疑《增補彙音》是增補《彙音妙悟》，而不是增補《彙集雅俗通十五音》。就此問題，筆者則不以為然。《彙音妙悟》上上聲與下上聲的例字是各自不相混的，如“蠢：𤸫”、“碖：惀”、“影：郢”、“訪：奉”，都是對立的；而上去聲與下去聲例字除了“寸：寸”外，也是各自不相混，“嫩：論”、“應：詠”、“放：鳳”也是對立的。因此，《彙音妙悟》的聲調是八音俱全的，而《增補彙音》與《彙音妙悟》不同的是：上去聲與下去聲的例字完全相同，而且韻書裡並沒有下去聲韻字。相反的，《增補彙音》上上聲就是《彙集雅俗通十五音》裡的上上聲，下上聲也類似《彙集雅俗通十五音》裡的下去聲。現特將三種韻書的調類問題列表說明如下：

序號	調類	《雅俗通》五十字母分八音	《增補彙音》三十字分八音	《彙音妙悟》八音念法
1	上平	君 堅 金 規 嘉 幹 公 乖	君 堅 金 歸 家 幹 光 乖	春 㦬 英 方
2	上上	滾 蹇 錦 鬼 假 柬 廣 拐	滾 褰 錦 鬼 假 簡 廣 拐	蠢 碖 影 訪
3	上去	棍 見 禁 季 嫁 澗 貢 怪	棍 見 禁 貴 嫁 諫 貢 怪	寸 嫩 應 放
4	上入	骨 結 急 ○ 骼 葛 國 ○	骨 結 急 音空 隔 割 各 音空	出 竻 益 福

續表

序號	調類	《雅俗通》五十字母分八音	《增補彙音》三十字分八音	《彙音妙悟》八音念法
5	下平	群〇〇葵枷〇狂〇	群滢瘽葵枷蘭狂懷	銅倫榮皇
6	下上	滚蹇錦鬼假柬廣拐	郡健妗饋下但弄壞	夾春惀郢奉
7	下去	郡健噤櫃下〇狂〇	棍見禁貴嫁諫貢怪	寸論詠鳳
8	下入	滑傑及〇逆〇咯〇	滑竭及音空汐達喻音空	怵律亦伏

上表可見，《彙集雅俗通十五音》七音，即上平聲、上上聲、上去聲、上入聲、下平聲、下上聲（與上上聲字"滚蹇錦鬼假柬廣拐"同）、下去聲、下入聲。《增補彙音》亦七音，即上平聲、上上聲、上去聲、上入聲、下平聲、下上聲、下去聲（與上去聲字"棍見禁貴嫁諫貢怪"同）、下入聲。表面上看，《增補彙音》去聲不分上下，實際上，上聲不分上下，上去聲字"棍見禁貴嫁諫貢怪"對下上聲字"郡健妗饋下但弄壞"，與《彙集雅俗通十五音》上去聲字"棍見禁季嫁澗貢怪"對下去聲字"郡健噤櫃下〇狂〇"相似。而泉州韻書《彙音妙悟》則是真正的八音，平上去入各分上下，雖然上去聲與下去聲同用"寸"字，但具體文本"君韻"裡上去聲有"寸"字，下去聲則無。

因此，我們可以這樣推論，《增補彙音》是在《彙集雅俗通十五音》的基礎上修訂而成的，所反映的音系也是以漳州方言音系為基礎的。

二　關於《增補彙音》音系的性質

關於《增補彙音》所代表的音系，臺灣洪維仁先生在《三種漳州十五音的音讀》（1989）一文中認為《增補彙音》所代表的方言，當在漳浦以東，而《彙集雅俗通十五音》則在漳浦或以西。還有人認為《增補彙音》是按漳州腔編成的，是《彙集雅俗通十五音》的多種版本之一。究竟代表漳州地區何地的音系呢？筆者擬對《增補彙音》作一番探討。現代漳州地区共轄薌城、龍海、長泰、華安、南靖、漳浦、平和、雲霄、詔安、東山等 10 個縣區。漳州方言音系，廣義地說，是指整個漳州地區的音系；狹義地說，應該指漳州市薌城區舊城的方言，即指漳州腔。分析《增補彙音》音系，必然要涉及漳州市 10 個縣區的方言，也不可不考察廈門的方言以作比較研究。

（一）從《增補彙音》的內部尋找證據

從《增補彙音》的內部證據可以說明該韻書所反映的並非漳腔和泉腔。閩南話有泉腔、廈腔、漳腔、潮腔之分。如《渡江書十五音》書首有"以本腔呼之別為序次如左"，又如第 34 部下平聲"儺韻"他母有"糖，本腔"，書中還有四處提到"泉腔"，有一處提到"潮腔"，因此李榮在《渡江書十五音・序》認為"似乎本腔指本書依據的方言，泉腔、潮腔並非本書依據的方言"。《增補彙音》則有四個地方提到漳腔：

> 簡字韻去母"肯，許也，漳腔"；
> 蘭字韻曾母"前，前後，漳腔"；
> 蘭字韻鶯母"閑，暇也，漳腔"；
> 粿字韻下入注"粿，走音，以漳腔呼之，與上粿字方不相混"。

有一處提到泉腔：

> 韭字韻入母"乳，泉腔，乳"。

根據李榮的說法，《增補彙音》內部所提供的證據可以證明其音系不是漳腔，也不是泉腔。

（二）《增補彙音》家韻［ɛ］、稽韻［e］、葩韻［a］三韻對立

《增補彙音》有家［ɛ］、葩［a］、稽［e］三韻的存在和對立。這是判斷該部韻書音系性質的關鍵所在。泉州、廈門、漳州均有葩［a］、稽［e］二韻；惟獨漳州有家［ɛ］韻，泉州和廈門均無。這可排除該韻書反映泉州或廈門方言的可能性。至於漳州地區 10 個縣市的方言也不是整齊劃一的，它們三韻的讀法也不盡相同。現分別討論如下：

1. 家韻［ɛ］：《增補彙音》家韻與《彙集雅俗通十五音》嘉韻［ɛ］大致相同。此韻大多數韻字在漳州、龍海、南靖、平和、漳浦、雲霄、詔安讀作［ɛ/ɛʔ］，但此韻在廈門、長泰、華安、東山等地的方言則讀作

[e/eʔ]。因廈門、長泰、華安、東山等地無［ε/εʔ］，故《增補彙音》自然也不可能是反映廈門、長泰、華安、東山等地的方言了。如下表：

韻字	漳州	廈門	龍海	長泰	華安	南靖	平和	漳浦	雲霄	東山	詔安
家	kε^{1}	ke^{1}	kε^{1}	ke^{1}	ke^{1}	kε^{1}	kε^{1}	kε^{1}	kε^{1}	ke^{1}	kε^{1}
琶	pε^{5}	pe^{5}	pε^{5}	pe^{5}	pe^{5}	pε^{5}	pε^{5}	pε^{5}	pε^{5}	pe^{5}	pε^{5}
客	k‘εʔ^{4}	k‘eʔ^{4}	k‘εʔ^{4}	k‘eʔ^{4}	k‘eʔ^{4}	k‘εʔ^{4}	k‘εʔ^{4}	k‘εʔ^{4}	k‘εʔ^{4}	k‘eʔ^{4}	k‘εʔ^{4}
百	pεʔ^{4}	peʔ^{4}	pεʔ^{4}	peʔ^{4}	peʔ^{4}	pεʔ^{4}	pεʔ^{4}	pεʔ^{4}	pεʔ^{4}	peʔ^{4}	pεʔ^{4}

2. 葩韻［a］：《增補彙音》葩韻與《彙集雅俗通十五音》膠韻［a］大致相同。葩韻字有 78 個韻字來源於《彙集雅俗通十五音》中膠韻［a/aʔ］字（165 個韻字），占其總數 47.27%。此韻大多數韻字在漳州 10 個縣市和廈門市讀作［a/aʔ］。如下表：

韻字	漳州	廈門	龍海	長泰	華安	南靖	平和	漳浦	雲霄	東山	詔安
葩	p‘a^{1}	p‘a^{1}	p‘a^{1}	p‘a^{1}	p‘a^{1}	p‘a^{1}	p‘a^{1}	p‘a^{1}	p‘a^{1}	p‘a^{1}	p‘a^{1}
巴	pa^{1}	pa^{1}	pa^{1}	pa^{1}	pa^{1}	pa^{1}	pa^{1}	pa^{1}	pa^{1}	pa^{1}	pa^{1}
獵	laʔ^{8}	laʔ^{8}	laʔ^{8}	laʔ^{8}	laʔ^{8}	laʔ^{8}	laʔ^{8}	laʔ^{8}	laʔ^{8}	laʔ^{8}	laʔ^{8}
塔	t‘aʔ^{4}	t‘aʔ^{4}	t‘aʔ^{4}	t‘aʔ^{4}	t‘aʔ^{4}	t‘aʔ^{4}	t‘aʔ^{4}	t‘aʔ^{4}	t‘aʔ^{4}	t‘aʔ^{4}	t‘aʔ^{4}

但葩韻還有少數韻字，如“佳啞牙芽夏廈百”在漳州 10 個縣市和廈門市的讀音則不盡相同。

韻字	漳州	廈門	龍海	長泰	華安	南靖	平和	漳浦	雲霄	東山	詔安
佳	kε^{1}	ka^{1}	ka^{1}/kε^{1}	ka^{1}	ka^{1}	ka^{1}	ka^{1}	kε^{21}	kε^{21}	ke^{1}	k‘a^{1}
啞	ε^{2}	e^{2}a^{2}	a^{2}/ε^{2}	e^{2}	e^{2}	ε^{2}	ε^{2}	ε^{2}	ε^{2}	e^{2}	ε^{2}
牙	gε^{5}	ga^{5}/ge^{5}	gε^{5}	ga^{5}g/e^{5}	ga^{5}/ge^{5}	gε^{5}	gε^{5}	gε^{5}	gε^{5}	ge^{5}	gε^{5}
芽	gε^{5}	ga^{5}/ge^{5}	gε^{5}	ga^{5}/ge^{5}	ga^{5}/ge^{5}	gε^{5}	gε^{5}	gε^{5}	gε^{5}	ge^{5}	gε^{5}
夏	hε^{7}	ha^{7}/he^{7}	hε^{7}	ha^{7}/he^{7}	ha^{7}/he^{7}	ha^{7}/hε^{7}	ha^{7}/hε^{7}	hε^{7}	hε^{7}	he^{7}	ha^{7}/hε^{7}
廈	hε^{7}	ha^{7}/he^{7}	ε^{7}	e^{7}	ha^{7}e^{7}	ha^{7}/ε^{7}	ha^{7}/ε^{7}	ε^{7}	hε^{7}	e^{7}	ha^{7}/ε^{7}
百	pεʔ^{4}	paʔ^{4}/peʔ^{4}	pεʔ^{4}	paʔ^{4}	peʔ^{4}	pεʔ^{4}	pεʔ^{4}	pεʔ^{4}	pεʔ^{4}	paʔ^{4}	pεʔ^{4}

上表可見，“佳啞牙芽夏廈百”等韻字讀作［a/aʔ］者，說明韻書夾雜着廈門、長泰、華安、東山等地方音特點。

3. 稽韻［e］：《增補彙音》（簡稱《增》）稽韻韻字大多來源於《彙集雅俗通十五音》（簡稱《雅》）稽韻［ei］和伽韻［e］。也就是說，《彙集雅俗通十五音》稽、伽韻二韻對立的現象在《增補彙音》裡已經不存在了。請看“柳”“地”二母韻字表：

柳	上平	上上	上去	上入	下平	下上	下去	下入
《雅》稽	○	禮豊澧醴蠡	○	○	黎藜犂黧螺	○	麗荔儷厲隸糲 礪籬癘勵戾	○
《雅》伽	○	○	○	溧	螺	○	○	笠
《增》稽	○	禮澧醴蠡鱧	○	○	黎藜犂黧螺蜊	○	麗荔儷厲隸糲 礪籬癘勵戾	笠

地	上平	上上	上去	上入	下平	下上	下去	下入
《雅》稽	低羝 隄堤	底抵短	帝締諦偙揥 渧禘褅蝃戴	○	題蹄偍	○	地遞第苐悌娣 褅棣代袋紵	○
《雅》伽	㒧	短	○	啄	○	○	袋代遞	○
《增》稽	低羝氐 邸牴㒧	底短	帝締諦揥渧 褅戴	啄簀	題蹄	地遞第苐 娣棣袋紵	○	奪

《彙集雅俗通十五音》稽韻擬音為［ei］，無入聲韻；伽韻擬音為［e/eʔ］，有喉塞尾韻，二韻是對立的。而《增補彙音》稽韻則把《彙集雅俗通十五音》稽、伽二韻進行合併。這說明《增補彙音》“稽韻”已經不存在《彙集雅俗通十五音》稽、伽二韻那樣的對立。此韻字在漳州10個縣市和廈門市讀法複雜，有［e/eʔ］、［ue/ueʔ］、［ei］或［iei］四種讀法。《彙集雅俗通十五音》稽韻［ei］、伽［e］分韻，反映漳浦一帶的方音特點。《增補彙音》把此二韻合為稽，而且又配有入聲。平和、漳浦、雲霄和詔安有［iei］或［ei］的讀法，但無與之相配的入聲，因此《增補彙音》稽韻絕對不可能擬音為［ei］或［iei］，而應擬為［e/eʔ］。可見《增補彙音》所反映的音系也可排除平和、漳浦、雲霄和詔安方言音系。請看下表：

韻字	漳州	廈門	龍海	長泰	華安	南靖	平和	漳浦	雲霄	東山	詔安
稽	ke^{1}	ke^{1}	ke^{1}	kue^{1}	ke^{1}	ke^{1}	kiei^{1}	kiei^{1}	kei^{1}	ke^{1}	kei^{1}
犁	le^{5}	le^{5}	le^{5}	lue^{5}	le^{5}	le^{5}	liei^{5}	liei^{5}	lei^{5}	le^{5}	lei^{5}
藝	ge^{7}	ge^{7}	ge^{7}	gue^{7}	ge^{7}	ge^{7}	giei^{7}	giei^{7}	gei^{7}	ge^{7}	gei^{7}
八	peʔ^{4}	peʔ^{4}	peʔ^{4}	pueʔ^{4}	peʔ^{4}	peʔ^{4}	peʔ^{4}	pɛʔ^{4}	peʔ^{4}	peʔ^{4}	pɛʔ^{4}

由上三韻的方言材料可見，漳州地區家［ɛ］、稽［e］、葩［a］三韻的對立，《增補彙音》所反映的音系，既可排除了泉州、廈門、長泰、華安、東山等地的方言，又可排除平和、雲霄、漳浦、詔安等地的方言，最有可能的就屬漳州和龍海方言了。

（三）關於《增補彙音》不同韻部字互見現象

1. 家［ɛ］、稽［e］中部分字的互見現象

《增補彙音》家韻［ɛ］和稽韻［e］是對立的，但是，有一種情況值得我們去思考：即“家韻”［ɛ］裡有部分韻字如“渣假客鵲篋簀績裼鈀爬鞋蝦父耙陛稗笠宅”同時又出現在“稽韻”［e］裡。這些韻字只有在廈門、長泰、東山的方言裡才讀作［e/eʔ］，華安話部分讀作［ɛ/ɛʔ］，部分讀作［e/eʔ］，漳州其他地區則讀作［ɛ/ɛʔ］，不讀［e/eʔ］。

韻字	漳州	廈門	龍海	長泰	華安	南靖	平和	漳浦	雲霄	東山	詔安
耙	pɛ^{5}	pe^{5}	pɛ^{5}	pe^{5}	pɛ/e^{5}	pɛ^{5}	pɛ^{5}	pɛ^{5}	pɛ^{5}	pe^{5}	pɛ^{5}
假	kɛ^{2}	ke^{2}	kɛ^{2}	ke^{2}	kɛ/e^{2}	kɛ^{2}	kɛ^{2}	kɛ^{2}	kɛ^{2}	ke^{2}	kɛ^{2}
客	k‘ɛʔ^{4}	k‘eʔ^{4}	k‘ɛʔ^{4}	k‘eʔ^{4}	k‘ɛ/eʔ^{4}	k‘ɛʔ^{4}	k‘ɛʔ^{4}	k‘ɛʔ^{4}	k‘ɛʔ^{4}	k‘eʔ^{4}	k‘ɛʔ^{4}
裼	t‘ɛʔ^{4}	t‘eʔ^{4}	t‘ɛʔ^{4}	t‘eʔ^{4}	t‘eʔ^{4}	t‘ɛʔ^{4}	t‘ɛʔ^{4}	t‘ɛʔ^{4}	t‘ɛʔ^{4}	t‘eʔ^{4}	t‘ɛʔ^{4}

家韻［ɛ］反映了漳州、龍海、南靖、平和、漳浦、雲霄、詔安等7個縣市方音特點，“渣假客鵲簀績裼鈀爬蝦父耙”等均屬［ɛ/ɛʔ］韻；而讀作［e/eʔ］韻，則是廈門、華安、長泰、東山等縣市的方音特點。這是兩種不同音系特點在家［ɛ/ɛʔ］韻中的反映。

2. 䔲［ue］、稽［e］中少數韻字的互見現象

《增補彙音》䔲韻［ue］和稽韻［e］是對立的，但有少數韻字同時出現在這兩個韻部之中。《增補彙音》䔲韻絕大多數韻字在漳州地區方言裡均讀作［ue］。請看下表：

韻字	漳州	廈門	龍海	長泰	華安	南靖	平和	漳浦	雲霄	東山	詔安
飛	pue^{1}	pe^{1}	pue^{1}	pue^{1}	pue^{1}	pue^{1}	pue^{1}	puɛ^{1}	pue^{1}	pue^{1}	pue^{1}
被	p‘ue^{7}	p‘e^{7}	p‘ue^{7}	p‘ue^{7}	p‘ue^{7}	p‘ue^{7}	p‘ue^{7}	p‘ue^{7}	p‘ue^{7}	p‘ue^{7}	p‘ue^{7}
郭	kueʔ^{4}	keʔ^{4}	kueʔ^{4}	kueʔ^{4}	kueʔ^{4}	kueʔ^{4}	kueʔ^{4}	kuɛʔ^{4}	kueʔ^{4}	kueʔ^{4}	kueʔ^{4}
說	sueʔ^{4}	seʔ^{4}	sueʔ^{4}	sueʔ^{4}	sueʔ^{4}	sueʔ^{4}	sueʔ^{4}	suɛʔ^{4}	sueʔ^{4}	sueʔ^{4}	sueʔ^{4}

但是，《增補彙音》也有少數韻字如“鍋皮月”同時出現在䔲韻［ue］和稽韻［e］裡，反映了漳州方言夾雜著廈門方言的個別韻字。例如：

韻字	漳州	廈門	龍海	長泰	華安	南靖	平和	漳浦	雲霄	東山	詔安
鍋	ue^{1}	e^{1}	ue^{1}	ue^{1}	ue^{1}	ue^{1}	uɛ^{1}	uɛ^{1}	ue^{1}	ue^{1}	ue^{1}
皮	p‘ue^{5}	p‘e^{5}	p‘ue^{5}	p‘ue^{5}	p‘ue^{5}	p‘ue^{5}	p‘uɛ^{5}	p‘uɛ^{5}	p‘ue^{5}	p‘ue^{5}	p‘ue^{5}
月	gueʔ^{8}	geʔ^{8}	gueʔ^{8}	gueʔ^{8}	gueʔ^{8}	gueʔ^{8}	guɛʔ^{8}	guɛʔ^{8}	gueʔ^{8}	gueʔ^{8}	gueʔ^{8}

還有少數韻字如“矮買篋鈌拔”等字同時出現在䔲韻［ue］和稽韻［e］裡，漳州地區多數方言讀作［e］，廈門、長泰方言則讀作［ue］。例如：

韻字	漳州	廈門	龍海	長泰	華安	南靖	平和	漳浦	雲霄	東山	詔安
矮	e^{2}	ue^{2}	e^{2}	ue^{2}	e^{2}	e^{2}	e^{2}	ɛ^{2}	e^{2}	e^{2}	ei^{2}
買	be^{2}	bue^{2}	be^{2}	bue^{2}	be^{2}	be^{2}	be^{2}	biei^{2}	be^{2}	be^{2}	bei^{2}
篋	k‘eʔ^{4}	k‘ueʔ^{4}	k‘eʔ^{4}	k‘ueʔ^{4}	k‘eʔ^{4}	k‘eʔ^{4}	k‘eʔ^{4}	k‘ɛʔ^{4}	k‘eʔ^{4}	k‘eʔ^{4}	k‘ɛʔ^{4}
拔	peʔ^{8}	pueʔ^{8}	peʔ^{8}	pueʔ^{8}	peʔ^{8}	peʔ^{8}	peʔ^{8}	Pɛʔ^{8}	Peʔ^{8}	peʔ^{8}	pɛʔ^{8}

3. 龜［u］、璣［i］中部分韻字的互見現象

《增補彙音》出現相互對立的兩個韻部，即龜韻［u］與璣韻［i］的對立現象。龜韻韻字在漳州地區方言均讀作［u］，這是我們將該韻擬作［u］的主要依據。此韻的上入聲和下入聲韻字均讀偏僻字，現代漳州方言無法一一與之對應。今依韻書擬為［uʔ］。璣韻韻字在漳州地區方言均讀作［i/iʔ］，這是我們將該韻擬作［i/iʔ］的主要依據。但以下韻字“拘豬蛆雌旅屢舉貯佇煮楮暑宇雨羽與禹圄鼠取處許鋸據著庶恕絮驢衢渠鋤如洳儒孺茹俞予餘余虞愚呂侶具俱箸聚字裕署緒序譽預豫寓禦”“抵死”“語去遇”則又同時出現在璣韻［i］和龜韻［u］裡。這是不同於《彙集雅俗通十五音》的特殊情況。

在以上例字中，“拘豬蛆雌旅屢舉貯佇煮楮暑宇雨羽與禹圄鼠取處許鋸據著庶恕絮驢衢渠鋤如洳儒孺茹俞予餘余虞愚呂侶具俱箸聚字裕署緒序譽預豫寓禦”，《彙集雅俗通十五音》僅出現在居韻［i］中，艍韻［u］則不見；“抵死”二字在《彙集雅俗通十五音》居韻［i］和艍韻［u］互見，“語去遇”三字在《彙集雅俗通十五音》艍韻［u］中則均注明“海腔”。對於這種情況，筆者認為，這些韻字在《增補彙音》璣韻裡讀作［i］者，反映的是漳州地區方言；在龜韻讀作［u］者，所反映的則是廈門、龍海角美一帶的方言。請看下表：

韻字	漳州	廈門	龍海	角美	長泰	華安	南靖	平和	漳浦	雲霄	東山	詔安
豬	ti^1	tu^1	ti^1	tu^1	ti^1	ti^1	ti^1	ti^1	ti^1	ti^1	ti^1	ti^1
雌	$ts‘i^1$	$ts‘u^1$	$ts‘i^1$	$ts‘u^1$	$ts‘i^1$	$ts‘i^1$	$ts‘i^1$	$ts‘i^1$	$ts‘i^1$	$ts‘i^1$	$ts‘i^1$	$ts‘i^1$
旅	li^2	lu^2	li^2	lu^2	li^2	li^2	li^2	li^2	li^2	li^2	li^2	li^2
煮	tsi^2	tsu^2	tsi^2	tsu^2	tsi^2	tsi^2	tsi^2	tsi^2	tsi^2	tsi^2	tsi^2	tsi^2

《增補彙音》部分韻字同時出現在璣［i］、龜［u］二韻之中，反映了韻書夾雜著廈門、龍海角美一帶的方音特點。這是我們擬將該韻書反映龍海音系的重要依據之一。

此外，璣韻［i］裡還有一部分韻字，漳州地區方言讀作［i］，而廈門、龍海角美一帶的方言則讀作［u］，但這些韻字並沒有出現在龜韻［u］裡。例如：

韻字	漳州	廈門	龍海	角美	長泰	華安	南靖	平和	漳浦	雲霄	東山	詔安
居	ki^1	ku^1	ki^1	ku^1	ki^1	ki^1	ki^1	ki^1	ki^1	ki^1	ki^1	ki^1
軀	$k‘i^1$	$k‘u^1$	$k‘i^1$	$k‘u^1$	$k‘i^1$	$k‘i^1$	$k‘i^1$	$k‘i^1$	$k‘i^1$	$k‘i^1$	$k‘i^1$	$k‘i^1$
儲	$t‘i^2$	$t‘u^2$	$t‘i^2$	$t‘u^2$	$t‘i^2$	$t‘i^2$	$t‘i^2$	$t‘i^2$	$t‘i^2$	$t‘i^2$	$t‘i^2$	$t‘i^2$
輸	si^1	su^1	si^1	su^1	si^1	si^1	si^1	si^1	si^1	si^1	si^1	si^1

但是，璣韻［i］中的促聲韻，不管在漳州地區方言裡還是在廈門、龍海角美一帶的方言中均讀作［iʔ］。請看下表：

韻字	漳州	廈門	龍海	長泰	華安	南靖	平和	漳浦	雲霄	東山	詔安
裂	$liʔ^8$	$liʔ^8$	$liʔ^8$	$liʔ^8$	$liʔ^8$	$liʔ^8$	$liʔ^8$	$liʔ^8$	$liʔ^8$	$liʔ^8$	$liʔ^8$
鱉	$piʔ^4$	$piʔ^4$	$piʔ^4$	$piʔ^4$	$piʔ^4$	$piʔ^4$	$piʔ^4$	$piʔ^4$	$piʔ^4$	$piʔ^4$	$piʔ^4$
砌	$kiʔ^4$	$kiʔ^4$	$kiʔ^4$	$kiʔ^4$	$kiʔ^4$	$kiʔ^4$	$kiʔ^4$	$kiʔ^4$	$kiʔ^4$	$kiʔ^4$	$kiʔ^4$
缺	$k‘iʔ^4$	$k‘iʔ^4$	$k‘iʔ^4$	$k‘iʔ^4$	$k‘iʔ^4$	$k‘iʔ^4$	$k‘iʔ^4$	$k‘iʔ^4$	$k‘iʔ^4$	$k‘iʔ^4$	$k‘iʔ^4$

4. 金［im］、箴［ɔm］兩韻字的互見現象

《增補彙音》金韻有163個韻字來源於《彙集雅俗通十五音》的金韻（251個韻字），占其總數的64.94%；箴韻有6個韻字來源於《彙集雅俗通十五音》的金韻（13個韻字），占其總數的46.15%。說明《增補彙音》金韻［im］與箴韻［ɔm］是對立的，反映了漳州地區的方言特點。請看下表：

韻字	漳州	廈門	龍海	長泰	華安	南靖	平和	漳浦	雲霄	東山	詔安
箴	$tsɔm^1$	$tsim^1$	$tsɔm^1$	$tsɔm^1$	$tsɔm^1$	$tsɔm^1$	$tsɔm^1$	$tsɔm^1$	$tsom^1$	$tsom^1$	$tsɔm^1$
森	$sɔm^1$	sim^1	$sɔm^1$	$sɔm^1$	$sɔm^1$	$sɔm^1$	$sɔm^1$	$sɔm^1$	som^1	som^1	$sɔm^1$
喥	$tɔp^4$	tip^4	$tɔp^4$	$tɔp^4$	$tɔp^4$	$tɔp^4$	$tɔp^4$	$tɔp^4$	top^4	top^4	$tɔp^4$
噆	$tsɔp^4$	$tsip^4$	$tsɔp^4$	$tsɔp^4$	$tsɔp^4$	$tsɔp^4$	$tsɔp^4$	$tsɔp^4$	$tsɔp^4$	$tsop^4$	$tsɔp^4$

這裡還要說明一件事，就是《增補彙音》箴韻實際上共收有韻字246個，其中有133個與金韻相同，並且釋義也基本上相同。這些韻字在漳州方言裡均讀作［im］，並不讀作［ɔm］。鑒於以上情況，筆者認為，《增

補彙音》箴韻中所列入的 133 個金韻字是不妥的，因為這些韻字在漳州 10 個縣市中不讀作［ɔm］而讀作［im］。

5. 根［in］、君［un］二韻字的互見現象

《增補彙音》根韻［in］與君韻［un］是對立的。根韻韻字在漳州地區方言裡多數讀作［in/it］，這是我們將該韻擬作［in/it］的主要依據。君韻韻字在漳州地區方言裡多數讀作［un/ut］，這也是我們將該韻擬作［un/ut］的主要依據。根韻絕大多數韻字在漳州地區的方言裡均讀作［in］，而在廈門方言裡則讀作［un］。請看以下例字：

韻字	漳州	廈門	龍海	長泰	華安	南靖	平和	漳浦	雲霄	東山	詔安
斤	kin^1	kun^1	kin^1	kin^1	kin^1	kin^1	kin^1	kin^1	kin^1	kin^1	kin^1
銀	gin^5	gun^5	gin^5	gin^5	gin^5	gin^5	gin^5	gin^5	gin^5	gin^5	gin^5
恩	in^1	un^1	in^1	in^1	in^1	in^1	in^1	in^1	in^1	in^1	in^1
近	kin^7	kun^7	kin^7	kin^7	kin^7	kin^7	kin^7	kin^7	kin^7	kin^7	kin^7

但是，《增補彙音》少數“根韻”［in］字，如“勤芹匀恨”等字又同時出現在“君韻”［un］裡，說明這裡夾雜著廈門方言的個別韻字。例如：

韻字	漳州	廈門	龍海	長泰	華安	南靖	平和	漳浦	雲霄	東山	詔安
勤	k‘in^5	k‘un^5	k‘in^5	k‘in^5	k‘in^5	k‘in^5	k‘in^5	k‘in^5	k‘in^5	k‘in^5	k‘in^5
芹	k‘in^5	k‘un^5	k‘in^5	k‘in^5	k‘in^5	k‘in^5	k‘in^5	k‘in^5	k‘in^5	k‘in^5	k‘in^5
匀	in^5	un^5	in^5	in^5	in^5	in^5	in^5	in^5	in^5	in^5	in^5
恨	hin^7	hun^7	hin^7	hin^7	hin^7	hin^7	hin^7	hin^7	hin^7	hin^7	hin^7

6. 宮［iɔŋ］、薑［iaŋ］兩韻字的互見現象

《增補彙音》宮韻［iɔŋ］和薑韻［iaŋ］兩韻是對立的。宮韻韻字在漳州地區方言裡多數讀作［iɔŋ/iɔk］，這是我們將該韻擬作［iɔŋ/iɔk］的主要依據。薑韻韻字在漳州地區方言裡亦多數讀作［iaŋ/iak］，這也是我們將該韻擬作［iaŋ/iak］的主要依據。然而，有部分韻字如“羌章彰璋湘相箱商廂鄉兩長想賞仰響將相唱倡向約長祥詳常牆楊亮諒量上像匠”

等，則同時出現在《增補彙音》宮韻［iɔŋ］和薑韻［iaŋ］裡。這也是與《彙集雅俗通十五音》不同之處。以上例字只出現在《彙集雅俗通十五音》薑韻［iaŋ］，恭韻［iɔŋ］則不見。因此，我們認為，這些例字讀作［iɔŋ］，反映的是廈門的方言特点；讀作［iaŋ］，才是反映漳州地區方言。請看以下例字：

韻字	漳州	廈門	龍海	長泰	華安	南靖	平和	漳浦	雲霄	東山	詔安
羌	k'iaŋ¹	k'iɔŋ¹	k'iaŋ¹	k'iaŋ¹	k'iaŋ¹	k'iaŋ¹	k'iaŋ¹	k'iaŋ¹	k'iaŋ¹	k'iaŋ¹	k'ian¹
章	tsiaŋ¹	tsiɔŋ¹	tsiaŋ¹	tsiaŋ¹	tsiaŋ¹	tsiaŋ¹	tsiaŋ¹	tsiaŋ¹	tsiaŋ¹	tsiaŋ¹	tsian¹
揚	iaŋ⁵	iɔŋ⁵	iaŋ⁵	iaŋ⁵	iaŋ⁵	iaŋ⁵	iaŋ⁵	iaŋ⁵	iaŋ⁵	iaŋ⁵	ian⁵
約	iak⁴	iɔk⁴	iak⁴	iak⁴	iak⁴	iak⁴	iak⁴	iak⁴	iak⁴	iak⁴	iat⁴

以上舉例說明“家［ɛ］和稽［e］”“𧃹［ue］和稽［e］”“龜［u］和璣［i］”“根［in］和君［un］”“宮［iɔŋ］和薑［iaŋ］”中均存在著韻字互見現象，說明《增補彙音》反映的方言音系是較為複雜的，主要反映漳州、龍海音系，又夾雜著廈門、龍海角美的某些讀音。我們判斷《增補彙音》的音系性質時，既考慮漳州、龍海音系特點，又考慮到廈門、龍海角美的某些讀音，因此才初步推測該韻書反映的是漳州龍海方言音系的結論。

洪惟仁在《漳州十五音的源流與音讀》認為《增補彙音》成書晚於《彙集雅俗通十五音》，並且其所代表的方言，當在漳浦以東，而《彙集雅俗通十五音》則在漳浦或以西。我們認為《增補彙音》所代表的方言當在漳浦縣以東或東北部，確切地說當是龍海一帶的方言。理由有：(1) 根據內部證據，本韻書不是反映漳腔或泉腔；(2) 此韻書有家韻［ɛ］，廈門、長泰、華安、東山則無，可排除反映此四地方言的可能性；(3) 此韻書將稽、伽韻兩韻合併為雞韻，讀作［e/eʔ］，也排除了稽韻讀作［iei］或［ei］的平和、漳浦、雲霄、詔安四地方言的可能性；(4) 此韻書有“金韻［im］”和“箴韻［ɔm］”的對立，而廈門有“金韻［im］”無“箴韻［ɔm］”，這也排除廈門方言的可能性。這樣一來，前面排除了漳腔、泉腔、廈門、長泰、華安、東山、平和、雲霄、詔安等地方言，只剩下龍海和南靖方言了。南靖音系與漳州薌城音系基本上相似。現在就只剩下龍海方言了。

上文排比和分析了《增補彙音》中有部分韻字分別同時出現在“家韻［ɛ］和稽韻［e］”“宮韻［iɔŋ］和薑韻［iaŋ］”“龜韻［u］與璣韻［i］”裡，說明《增補彙音》作者在編撰韻書的過程中的確受到廈門、龍海、長泰等方言的影響。這種現像，可能是廈門、長泰等方言對龍海方言的滲透，或者像徐通鏘在《歷史語言學》第10章“語言的擴散（上）：地區擴散和方言地理學”中所說的：“語言在發展中不僅有分化，也有統一；每個語言不僅有自己獨立的發展，也有與其他語言的相互影響；不僅分化之後的語言相互間有差別，就是在分化之前語言內部也有方言的分歧；語言在其分化過程中不僅有突發性的分裂……而更重要的還是緩慢的分化過程，凡此等等。”根據這種說法，筆者認為，《增補彙音》作為一部反映龍海方言的韻書，首先這種方言有它獨立發展的一面，也有與漳州、漳浦、廈門、長泰等地方言的互相影響的一面，因此，龍海就因受到漳州、漳浦、長泰、廈門等地方言的影響而形成石碼、九湖、港尾、角美四片語音區。“家韻［ɛ］和稽韻［e］”“宮韻［iɔŋ］和薑韻［iaŋ］”“龜韻［u］與璣韻［i］”同時出現部分相同的韻字，說明《增補彙音》的確受到廈門、長泰等方言的影響。因此，我們懷疑該韻書的作者可能是龍海角美鎮人，這跟角美鎮地理位置與廈門、長泰相依有關。角美片東北部與廈門相連，西北片則與長泰相依。所以，筆者推測，《增補彙音》的音系似乎代表現代龍海方言音系最為適宜。

最後，筆者得出這樣的結論：《增補彙音》所反映的方言音系應該是以19世纪初叶漳州府海澄县方言音系為基礎，但還參雜著廈門、長泰等地方言的個別韻類。

三 《增補彙音》三十字母音值的擬測

《增補彙音》共六卷：第一卷：君堅金歸家；第二卷：干光乖京官；第三卷：姑嬌稽宮高；第四卷：皆根姜甘瓜；第五卷：江蒹交伽𧆄；第六卷：葩龜箴璣𧼮。現根據漳州龍海方言分別對《增補彙音》三十個字母的音值進行擬測。

（一）“君堅金歸家”五部音值的擬測

1. 君部：《增補彙音》君韻有383個韻字來源於《彙集雅俗通十五音》的君韻［un/ut］（655個韻字），占其總數的58.47%。此韻舒聲韻在漳州地區10個縣市的方言均讀作［un］，促聲韻擬作［ut］，現根據漳州龍海方言將君韻擬作［un/ut］。

2. 堅部：《增補彙音》堅韻有366個韻字來源於《彙集雅俗通十五音》的堅韻［ian/iat］（614個韻字），占其總數的59.61%。此韻舒聲韻在漳州地區10個縣市的方言均讀作［ian］，促聲韻擬作［iat］，現根據漳州龍海方言將堅韻擬作［ian/iat］。

3. 金部：《增補彙音》金韻有163個韻字來源於《彙集雅俗通十五音》的金韻［im/ip］（251個韻字），占其總數的64.94%。此韻舒聲韻在漳州地區10個縣市的方言均讀作［im］，促聲韻擬作［ip］，現根據漳州龍海方言將金韻擬作［im/ip］。

4. 歸部：《增補彙音》歸韻有240個韻字來源於《彙集雅俗通十五音》的規韻［ui］（358個韻字），占其總數的67.04%。此韻無促聲韻，舒聲韻在漳州地區10個縣市的方言均讀作［ui］，現根據漳州龍海方言將歸韻擬作［ui］。

5. 家部：《增補彙音》家韻有130個韻字來源於《彙集雅俗通十五音》的嘉韻［ɛ/ɛʔ］（190個韻字），占其總數的68.42%。此韻舒聲韻在漳州、龍海、華安（部分人）、南靖、平和、漳浦、雲霄、詔安等7個縣市讀作［ɛ］，促聲韻讀作［ɛʔ］；而舒聲韻在長泰、華安（部分人）、東山等3個縣市的方言讀作［e］，促聲韻擬作［eʔ］，現根據漳州龍海方言將家韻擬作［ɛ/ɛʔ］。

（二）“干光乖京官”五部音值的擬測

6. 干部：《增補彙音》干韻有247個韻字來源於《彙集雅俗通十五音》的干韻［an/at］（349個韻字），占其總數的70.77%。此韻舒聲韻在漳州地區10個縣市的方言（除詔安話外）均讀作［an］，促聲韻擬作［at］，現根據漳州龍海方言將干韻擬作［an/at］。

7. 光部：《增補彙音》光韻有482個韻字來源於《彙集雅俗通十五

音》的公韻［ɔŋ/ɔk］（839 個韻字），占其總數的 57.45%。此韻舒聲韻在漳州地區 10 個縣市的方言均讀作［ɔŋ］，促聲韻擬作［ɔk］，現根據漳州龍海方言將光韻擬作［ɔŋ/ɔk］。

8. 乖部：《增補彙音》乖韻有 21 個韻字來源於《彙集雅俗通十五音》的乖韻［uai/uaiʔ］（33 個韻字），占其總數的 63.64%。此韻舒聲韻在漳州地區 10 個縣市的方言均讀作［uai］，促聲韻擬作［uaiʔ］，現根據漳州龍海方言將乖韻擬作［uai/uaiʔ］。

9. 京部：《增補彙音》京韻有 591 個韻字來源於《彙集雅俗通十五音》的經韻［eŋ/ek］（1044 個韻字），占其總數的 56.61%。此韻舒聲韻在漳州、龍海、華安、南靖、詔安等縣市均讀作［iŋ/ik］，長泰、平和、雲霄、東山等縣市讀作［eŋ/ek］，漳浦讀作［ɛŋ/ɛk］。現根據漳州龍海方言將京韻擬作［iŋ/ik］。請看下表：

例字	漳州	龍海	長泰	華安	南靖	平和	漳浦	雲霄	東山	詔安
生	$siŋ^1$	$siŋ^1$	$seŋ^1$	$siŋ^1$	$siŋ^1$	$seŋ^1$	$sɛŋ^1$	$seŋ^1$	$seŋ^1$	si（e）$ŋ^1$
英	$iŋ^1$	$iŋ^1$	$eŋ^1$	$iŋ^1$	$iŋ^1$	$eŋ^1$	$ɛŋ^1$	$eŋ^1$	$eŋ^1$	$ieŋ^1$
明	$biŋ^5$	$biŋ^5$	$beŋ^5$	$biŋ^5$	$biŋ^5$	$beŋ^5$	$ɛŋ^5$	$beŋ^5$	$beŋ^5$	bi（e）$ŋ^5$
幸	$hiŋ^7$	$hiŋ^7$	$heŋ^7$	$hiŋ^7$	$hiŋ^7$	$heŋ^7$	$hɛŋ^7$	$heŋ^7$	$heŋ^7$	hi（e）$ŋ^7$
力	lik^8	lik^8	lek^8	lik^8	lik^8	lek^8	$lɛk^8$	lek^8	lek^8	li（e）k^8
百	pik^4	pik^4	pek^4	pik^4	pik^4	pek^4	$pɛk^4$	pek^4	pek^4	pi（e）k^4
默	bik^8	bik^8	bek^8	bik^8	bik^8	bek^8	$bɛk^8$	bek^8	bek^8	bi（e）k^8
赫	hik^4	hik^4	hek^4	hik^4	hik^4	hek^4	$hɛk^4$	hek^4	hek^4	hi（e）k^4

10. 官部：《增補彙音》官韻有 397 個韻字來源於《彙集雅俗通十五音》的觀韻［uan/uat］（583 個韻字），占其總數的 68.10%。此韻舒聲韻在漳州地區 10 個縣市的方言均讀作［uan］，促聲韻擬作［uat］，現根據漳州龍海方言將官韻擬作［uan/uat］。

（三）"姑嬌稽宮高"五部音值的擬測

11. 姑部：《增補彙音》姑韻有 375 個韻字來源於《彙集雅俗通十五

音》的沽韻［ou］（517 個韻字），占其總數的 72.50%。此韻在漳州地區讀音不一：漳州、龍海、華安、南靖均讀作［-ɔ］，長泰讀作［-eu］，平和、漳浦、詔安讀作［-ɔu］，雲霄、東山讀作［-ou］。現根據漳州龍海方言將姑韻擬作［ɔ/ɔʔ］。

12. 嬌部：《增補彙音》嬌韻有 262 個韻字來源於《彙集雅俗通十五音》的嬌韻［iau/iauʔ］（409 個韻字），占其總數的 64.06%。此韻舒聲韻在漳州地區 10 個縣市的方言均讀作［iau］，促聲韻擬作［iauʔ］，現根據漳州龍海方言將嬌韻擬作［iau/iauʔ］。

13. 稽部：《增補彙音》稽韻有 175 個韻字來源於《彙集雅俗通十五音》的稽韻［ei］（245 個韻字），占其總數的 71.40%；有 34 個韻字來源於《彙集雅俗通十五音》的伽韻［e］（61 個韻字），占其總數的 55.74%。此韻在漳州、龍海、華安、南靖、東山等方言讀作［e/eʔ］，長泰讀作［ue/ueʔ］，而平和城關讀作［e/eʔ］，安厚、下寨、九峰、蘆溪等地讀作［iei］；漳浦讀作［iei］，雲霄、詔安則讀作［ei］，現根據漳州龍海方言將稽韻擬作［e/eʔ］。

14. 宮部：《增補彙音》宮韻有 224 個韻字來源於《彙集雅俗通十五音》的恭韻［iɔŋ/iɔk］（355 個韻字），占其總數的 63.10%。此韻舒聲韻在漳州地區 10 個縣市的方言均讀作［iɔŋ］，促聲韻擬作［iɔk］，現根據漳州龍海方言將宮韻擬作［iɔŋ/iɔk］。

15. 高部：《增補彙音》高韻有 272 個韻字來源於《彙集雅俗通十五音》的高韻［o/oʔ］（448 個韻字），占其總數的 60.71%。此韻在漳州、龍海、華安、南靖、平和、漳浦、雲霄、東山方言均讀作［o/oʔ］，只有長泰、詔安方言讀作［ɔ/ɔʔ］。現根據漳州龍海方言將高韻擬作［o/oʔ］。

（四）"皆根姜甘瓜"五部音值的擬測

16. 皆部：《增補彙音》皆韻有 180 個韻字來源於《彙集雅俗通十五音》的皆韻［ai］（290 個韻字），占其總數的 62.10%。此韻在漳州地區 10 個縣市的方言均讀作［ai］，現根據漳州龍海方言將皆韻擬作［ai/aiʔ］。

17. 根部：《增補彙音》根韻有 281 個韻字來源於《彙集雅俗通十五音》的巾韻［in/it］（450 個韻字），占其總數的 62.40%。此韻舒聲韻在漳州地區 10 個縣市的方言均讀作［in］，促聲韻擬作［it］，現根據漳州龍海方言將根韻擬作［in/it］。

18. 羌部：《增補彙音》羌韻有 196 個韻字來源於《彙集雅俗通十五音》的薑韻［iaŋ/iak］（294 個韻字），占其總數的 66.67%。此韻舒聲韻在漳州地區（除詔安讀作［ian］外）的方言均讀作［iaŋ］，促聲韻讀作［iak］，現根據漳州龍海方言將羌韻擬作［iaŋ/iak］。

19. 甘部：《增補彙音》甘韻有 191 個韻字來源於《彙集雅俗通十五音》的甘韻［am/ap］（354 個韻字），占其總數的 54%。此韻舒聲韻在漳州地區 10 個縣市的方言均讀作［am］，促聲韻讀作［ap］，現根據漳州龍海方言將甘韻擬作［am/ap］。

20. 瓜部：《增補彙音》瓜韻有 97 個韻字來源於《彙集雅俗通十五音》的瓜韻［ua］（169 個韻字），占其總數的 57.40%。此韻在漳州地區（除雲霄、詔安部分字讀作［uɛ］外）方言讀作［ua］，現根據漳州龍海方言將瓜韻擬作［ua/uaʔ］。

（五）“江蒹交伽葩”五部音值的擬測

21. 江部：《增補彙音》江韻有 156 個韻字來源於《彙集雅俗通十五音》的江韻［aŋ/ak］（234 個韻字），占其總數的 66.67%。此韻舒聲韻在漳州地區 10 個縣市的方言均讀作［aŋ］，促聲韻讀作［ak］，現根據漳州龍海方言將江韻擬作［aŋ/ak］。

22. 蒹部：《增補彙音》蒹韻有 163 個韻字來源於《彙集雅俗通十五音》的兼韻［iam/iap］（296 個韻字），占其總數的 55.07%。此韻舒聲韻在漳州地區 10 個縣市的方言均讀作［iam］，促聲韻讀作［iam］，現根據漳州龍海方言將蒹韻擬作［iam/iap］。

23. 交部：《增補彙音》交韻有 129 個韻字來源於《彙集雅俗通十五音》的交韻［au/auʔ］（216 個韻字），占其總數的 59.72%。此韻舒聲韻在漳州地區 10 個縣市的方言均讀作［au］，促聲韻讀作［auʔ］，現根據漳州龍海方言將交韻擬作［au/auʔ］。

24. 伽部：《增補彙音》伽韻有 102 個韻字來源於《彙集雅俗通十五音》的迦韻［ia/iaʔ］（144 個韻字），占其總數的 70.83%。此韻舒聲韻在漳州地區 10 個縣市的方言均讀作［ia］，促聲韻讀作［iaʔ］，現根據漳州龍海方言將伽韻擬作［ia/iaʔ］。

25. 𧊅部：《增補彙音》𧊅韻有168個韻字來源於《彙集雅俗通十五音》的檜韻［uei/ueiʔ］（261個韻字），占其總數的64.37%。此韻舒聲韻漳州地區方言裡多數讀作［ue/ueʔ］，惟獨漳浦方言讀作［uɛ/uɛʔ］，現根據漳州龍海方言將𧊅韻擬作［ue/ueʔ］。

（六）“葩龜箴璣赳”五部音值的擬測

26. 龜部：《增補彙音》龜韻有201個韻字來源於《彙集雅俗通十五音》的艍韻［u/uʔ］（331個韻字），占其總數的60.73%。此韻舒聲韻在漳州地區10個縣市的方言均讀作［u］，促聲韻讀作［uʔ］，現根據漳州龍海方言將龜韻擬作［u/uʔ］。

27. 葩部：《增補彙音》葩韻有78個韻字來源於《彙集雅俗通十五音》的膠韻［a/aʔ］（165個韻字），占其總數的47.27%。此韻舒聲韻在漳州地區10個縣市的方言均讀作［a］，促聲韻讀作［aʔ］，現根據漳州龍海方言將葩韻擬作［a/aʔ］。

28. 璣部：《增補彙音》璣韻有665個韻字來源於《彙集雅俗通十五音》的居韻［i/iʔ］（1147個韻字），占其總數的57.98%。此韻舒聲韻在漳州地區10個縣市的方言均讀作［i］，促聲韻讀作［iʔ］，現根據漳州龍海方言將璣韻擬作［i/iʔ］。

29. 赳部：《增補彙音》赳韻有197個韻字來源於《彙集雅俗通十五音》的丩韻［i/iʔ］（300個韻字），占其總數的65.70%。此韻舒聲韻在漳州地區10個縣市的方言均讀作［iu］，促聲韻讀作［iuʔ］，現根據漳州龍海方言將赳韻擬作［iu/iuʔ］。

30. 箴部：《增補彙音》箴韻有6個韻字來源於《彙集雅俗通十五音》的箴韻［ɔm/ɔp］（13個韻字），占其總數的46.15%。此韻舒聲韻在漳州地區10個縣市的方言均讀作［ɔm］，促聲韻讀作［ɔp］，現根據漳州龍海方言將箴韻擬作［ɔm/ɔp］。

從上所述，《增補彙音》共30個韻部59個韻母。即：

1. 君[un/ut]	2. 堅[ian/iat]	3. 金[im/ip]	4. 歸[ui]	5. 家[ɛ/ɛʔ]	6. 幹[an/at]
7. 光[ɔŋ/ɔk]	8. 乖[uai/uaiʔ]	9. 京[iŋ/ik]	10. 官[uan/uat]	11. 姑[ɔ/ɔʔ]	12. 嬌[iau/iauʔ]
13. 稽[e/eʔ]	14. 宮[iɔŋ/iɔk]	15. 高[o/oʔ]	16. 皆[ai/aiʔ]	17. 根[in/it]	18. 羌[iaŋ/iak]
19. 甘[am/ap]	20. 瓜[ua/uaʔ]	21. 江[aŋ/ak]	22. 兼[iam/iap]	23. 交[au/auʔ]	24. 伽[ia/iaʔ]
25. 葹[ue/ueʔ]	26. 葩[a/aʔ]	27. 龜[u/uʔ]	28. 璣[i/iʔ]	29. 赳[iu/iuʔ]	30. 箴[ɔm/ɔp]

【参考文獻】

《彙集雅俗通十五音》，東苑謝秀嵐撰，會文堂版。

《增補彙音》，著者不詳，民國十七年（1928）上海大一統書局石印本。

《渡江書十五音》，編者不詳，東京外國語大學亞非言語文化研究所1987年影印本。

黃典誠主編：《福建省誌·方言誌》，方誌出版社1997年版。

徐通鏘：《歷史語言學》，商務印書館1996年版。

馬重奇：《〈彙集雅俗通十五音〉聲母系統研究》，《古漢語研究》1998年增刊。

馬重奇：《〈彙集雅俗通十五音〉韻部系統研究》，《語言研究》1998年增刊。

馬重奇：《〈增補彙音〉音系研究》，《中國音韻學研究會第十次學術討論會暨漢語音韻學第六屆國際學術研討會論文集》，香港文化教育出版社有限公司2000年版。

馬重奇：《清代三種漳州十五音韻書研究》，福建人民出版社2004年版。

洪惟仁：《〈彙音妙悟〉與古代泉州音》，“國立中央國書館”臺灣分館印行，1995年。

洪惟仁：《麥都思〈福建方言字典〉的價值》，《臺灣文獻》第42卷第2期，1990年。

新編《增補彙音》

馬重奇　新　著
無名氏　原　著

序

凡音由心生也切音之起肇自西域婆羅門而類隔反紐等式自是備矣夫聲韻之學唯中州最厚中氣而中聲又無日不存于人心者也自魏晉有李登聲韻呂靜韻集是時音有五而聲未有四也迨梁沈休文撰四聲一卷而聲韻始有傳訣但地囿南北方言各異遐陬僻壤難以悉通廣韻唐韻集韻愈出而彌詳然其書浩繁農工商賈不盡合於取資焉唯十五音一書出於天地自然之聲一呼應而即得於唇齒又切於尋常日用之事一檢閱而可藏於巾箱昔經付梨棗流傳已廣中或

有所未備者因詳加校易其舛錯至於釋解雖間用方言而字畫必確遵字典斯又足見海濱自有鄒魯而日隆書文必至大同也是為序時嘉慶庚辰仲秋朔

壺麓主人題

增補彙音　目錄

依字典订

字祖八音共三十字

君堅金歸家　干光乖京官

姑嬌稽宮高　皆根姜甘瓜

江蒹交伽蔃　葩龜箴璣趨

切音十五字呼起

柳邊求去地頗他曾入時鶯門語出喜字頭

起連音呼

三十字分八音共訂六卷

卷一君滾棍骨羣郡棍滑
堅褰見結𪷽健見竭
金錦禁急瘎妗禁及
歸鬼貴音空葵饋貴音空
家假嫁隔枷下嫁沔
卷二干簡諫割蘭但諫達
光廣貢各狂弄貢唃
乖拐怪音空懷壞怪音空
京景敬格鯨脛敬極
官管卷决權倦卷辣

卷三姑古故[illegible][illegible]怙故 音空

嬌皎叫 音空 橋轎叫驕

稽改計莢鮭易計笠

宮拱粠菊窮共粠局

高果告閣施擙告[illegible]

卷四皆改界 音空 [illegible][illegible]界皆

根謹絹吉麟近 音空 [illegible]

姜拱琼腳强[illegible][illegible]矍

甘敢監鴿唅[illegible]監釳

瓜篙卦割橡秙卦辣

卷五江講降覺昂共降髉

蒹減劍夾鹹傔劍粒

交狡教鯒猴厚教雹

伽者寄革夯碕音空屐

蒐粿檜郭培內檜粿

卷六葩杷豹甲勝咬豹㵋

龟韮句咕錁舅句咕

箴井譖噆譖音空音空喥

璣己記砌其具記蝕

趜久究嚿求舅究音空

增補彙音卷一　君堅金歸家

1 君字韻上平

君見今歸家

●柳腀度丨縮白音不伸

●邊分折開也扢也白音丨

●求君丨臣軍二千五百人為丨又將丨也莙菜名芹同上裩褻一丨

●去坤卦名又妻道也昆兄弟也髡髟剔髮也又人名鯤魚名琨美玉焜耀也光明也崐崑丨崙也山名蜫蟲之總名鵾大雞也

●地敦厚也勉也諄丨詳芚物始生也厚也窀丨穸下棺也墩培土也噋性不爽也鈍刀不利也𩞄貪食也燉火盛也墪土丨

●頗奔戰敗疾走也丨歕吹氣也[illegible]古奔[illegible]同奔[illegible]米泔賁奮勇虎丨勇士也渀泱丨

●他吞食下咽也椿木名又父曰丨黗丨黭不潔又黭丨黃色也

●曾尊長也位也盛也樽木器鐏酒器嶟山高噂聚語鱒魚名蹲舞貌也丨踞也遵循也

●入[illegible]掘地以中開也

●時孫子之子也猻屬猴蓀香草

● 鶯温和厚也重習也煡也熡也熅以火炙物也昷日短也轀靴不潔也豱豚丨蕰水菜也鰛魚名瘟疫氣也

氳氤丨天地之氣緼絪丨

● 門閿聯結及相牽也

● 語覃劣也

● 出旾春四時之首萶古春村邨聚居伸白音多餘

● 喜分別也芬香草曛日入餘光也獯匈奴之號汾水名昏日不明也雰丨雪也氛氣也棼亂也醺醉也薰香草

婚姻丨也昏黑暗也纁淺絳惛癡也悶也不明燻以火乾物閽丨人守門也五門之吏緍絲綸也痻病也勳功也

滚字韻上上

● 柳棆輪東木就也碖硱丨鞏也又石落貌輑車輪相連也惃瞳瞳分廉遇忍白音

● 邊本根始也畚箕也盛土器

● 求衮袞九章服也州名又姓㨰軲也滾水大流也輥車軫也鯀丨人名禹之父曰丨吻吐也𧩸順言詭弄緄丨索

● 去捆杼也梱閫門橛悃懇求也誠實也捃丨摭拾取也裍縛衣也稇綑織也窘僒困乏也

壼 閭| 墾 開|

● 地 盾 孑也 鐓 矛戟柄也 楯 木名 蹲 雙足坐|屈也

● 頗 咊 唷 潠水也 摑 堆也 畚 輪 掎 重上道也又人名 翽 栩 走也飛起也 坉 水不通也

● 他 膎 腯 肥貌 吨 不|了也 氽 水堆物也

● 曾 准 |許 準 度也則也凝放 隼 鶽 鳩禺急疾之鳥鷹鷂也 僔 恭敬也象也聚也 撙 裁仰也 褌 衣| 榫 刻木竅也

● 入 ⿸厂耎 ⿰需皮 皮柔也 愞 柔弱也 ⿰衤耎 衣縩

● 時 筍 笋 竹芽也 損 減也災也傷割卦名 簨 |簴所以懸鐘鼓

● 鶯 允 允 誠信也首諸也 狁 玁|匈奴別號 吮 口| 尹 令|官名 穩 安也 隐 隱 惻|

● 門 蚉 蚊 飛蟲蚋食人之血 呡 肳 吻 口唇角邊也 䏚 合口也 悶 煩| 捫 待也接也 們 同上字 刎 |頸也

● 語 ⿸疒旁 ⿸疒旁 花名 崀 山名

● 出 忖 度也 蠢 蟲| 舛 差| 舜 茶種| 瞬 頃刻也目映之間

● 喜 忿 怒也 坌 坋 白音塗面 吩 吐氣 噴 意氣噀鼓鼻也 惲 謀議厚重也 憤 僨 覆敗也 粉 物幼也又麪也脂|也

棍字韻上去

●柳 嫖 嫩弱少也 惀內也 淪水中曳船曰|

●邊 糞污土|所積之物

●求 棍棒也又光|

●去 困窮也 睡寢也 睏拘調手|眠

●地 頓安置也地號人名 扽引也撼也 蓴牛|草

●頗 沐水急 逩走| 濆水泉底沸湧而出又小怪氣蒸岩雲而雨也

●他 粌 飩厚味 瘖病善食餓也

●曾 雋 儁 俊才智過人也 峻 埈高山險| 㱰|兔 鮻魚名 浚渫也水道也田間又地名 逡|巡卻退貌 竣完|也

畯勸農之官 焌火盛也 餕食餘也 踆上也退踞也 駿良馬之名 鋑 鐫雕刻刪也

●入 嘓口|也

●時 舜虞帝名 蕣木槿 瞬目映也 噀 潠含口噴也 遜|順謙讓也 巺 巽柔順也又卦名

● 鶯 慍含怒意也 溫藉也 搵手擦物也 縕枲著也亂麻也 蘊包祇也 轀同上 醞釀也 隕 磒墜也 愪憂也 殞歿也

● 門 沕 曶塵坱

● 語 積穀未皺貌

● 出 寸數名尺丨

● 喜 訓教丨 馴馬順也 奮用丨

骨字韻上入

● 柳 角不佳也 角手丨 厄 甩人名

● 邊 不非也 扒爬丨 朳同上州名木器名

● 求 骨肉所附也又姓 𩨘丨驪獸名 縎心性不改也 𩷗魚名四節似蛇

● 去 屈曲也鬱也 堀突穴也 𡓁 窟山貌又孔穴也 崛山短而高也 誳辭塞又枉丨也 𦁐猶屈仲也 𦢊臂也

● 地 咄嗟也驚怪也 窋物出貌 㖓呵也 㷇寢熱烧丨 𣅝嗟也驚怪也 詘同上 𦁐人名

● 頗 昢日出也 朏月出未大明

●他 怵恐懼｜惕也 禿頭無髮也 黜貶斥也 鵕｜鷩鳥名 ⿰扌秃｜傷｜也 ⿸疒秃頭瘡也

●曾 卒盡也終也兵也 倅兵百人也 猝｜暴也 殌死也 捽持頭髮也 夲兵｜

●入 吶 㕯言難也

●時 率總領 ⿰亻率行貌 ⿰率刂割也粉也 卹愍也憂也 賉 䘏 恤愍也收也賑也 蟀 ⿰虫卒蟲名 ⿵風率風聲也 戌辰名 ⿰口戌口吹貌

●鶯 鬱 欝滯也幽也抑也氣不通也 熨｜斗 尉安又大也斗也 搵心悶也 爩 ⿰火欝相氣出貌 ⿰口鬱喉中鳴也

●門 魩魚尾又小魚名

●語 崒疾也 矻勞極也 訖收｜ ⿰犭屈獸名

●出 出自內而｜也

●喜 弗不然 惚恍｜失意也 咈違疾不為之辭也 拂除也去也 沸｜泉湧出也 坲｜埻塵起也 ⿰礻弗 祓祭祀除災求福也 紼絲｜

⿰糸发同上 紱印綬也又朱｜ 茀｜草 ⿰韋弗引棺繩也 ⿰孛弗 艴怒色也又｜然 ⿺走弗是｜ ⿰足弗跳｜ 颰 ⿺風弗小風又風疾也

髴髣｜若見不審 芾 黻蔽膝也常得也 ⿰衤弗衣服也 忽輕｜又姓 怱 笏公卿朝君所執之｜ 祓蔽膝 拂除也去也

羣字韻下平

● 柳 倫次序也又五|也 淪沒也又波也 腀骨| 倫擇也 侖昆|山也 綸絲|經| 崙同侖 崘同侖也 輪車輻 掄|選

● 邊 歕吐也吹氣也

● 求 群 羣眾聚三五成| 窘羣居 裙 帬 帬下衣也 裩 褌 幝袴也

● 去 蜫蟲之總名 緄絳也匈鞋頭也 蜠蟲蚾緼|也 勤|苦 芹|菜

● 地 豘小豕又猪蹄也 唇口吻也 漘水涯也 臀底也又腿肉也 魨魚名 屯勤兵而守

● 頗 盆盛水器又姓也 嗌 噴吐也 湓水|也

● 他 ⿰犭軍野豕也 黗黑收也|溫污穢也

● 曾 存有餘也積也 逡|巡退縮也 船舟也 拵据|

● 入 瞤日動

● 時 巡|視行偏也畏縮卻退 旬十日為一| 恂信也樂也又溫恭貌 洵水名 詢問也 殉又俑葬也 循次序也持|有尊守也

惇 惇心實也 淳質也又姓也 犉黃牛黑唇 純粹也篤也 焞盛貌 郇地名又姓 醇美酒

● 鶯 沄水漫流也 縜網繩也 芸|草 耘|耕 坛水注成|也

●門門路也又兩戶相合文書也丨理丨雅禮丨旻仁覆丨下又秋天也饅丨頭紋織丨也凡曰錦繡之物丨玟砇石次玉雯雲成章也

𦗦聞而聽聲也匀草丨色也

●語犨牛耳黑也

●出存晉丨

●喜焚煅也火燎也羵大首燌同焚羒牡羊棼馩香氣也雲地氣上天曰丨㝟同下魂精魄隨形出入曰丨

痕傷跡也

郡字韻下上

●柳喻崙山名又山脊也論講議也閏一年加一月曰丨媆嫩柔弱少好也

●邊笨笔箢籧除貯物者丨体性不慧也

●求郡丨府丨又群也

●去空音

●地鈍性魯也迍屯勤兵以守曰丨送又姓腯肥貌沌水不通之貌黗雲大也遁同下遯逃避也又卦名

● 頗擠|亂也

● 他坉填以土築池曰|

● 曾[金+存]鑽也

● 入潤溫也

● 時順和|不逆也

● 鶯運氣||載韵韻音|鄆地名又姓

● 門汶水名紊亂也問訪也悶煩|

● 語鋆人名

● 出捘掐也剃也

● 喜分名|限量也混水|濁也渾|然也恨怨之極也暈眩|也

滑字韻下入

● 柳律法令也又音|又姓嵂山高峻也㨼以手持|也訥言不出口也繂大繩也以竹為之也

● 邊 孛慧星也怪氣變也 悖狠也強也 勃卒也 浡興起也 郣 渤海丨地名 鵓丨鵏鳥名即丨鴣也 艴怒色也 㶉海別扶也

● 求 掘濁也亂也盡也 堀突也 滑利也又丨稽又姓也 磆丨石名藥 扫仝掘

● 去 淈水盡流 ⿰木屈斷木無枝 ⿸尸⿱出毛鳥毛短也 崛山短而高又丨起也

● 地 突卒然也又觸也欺也 ⿰亻突傏丨不遜也 堗灶徑也 湥水流也 嚉 咄丨嗟咨語也又驚怪聲也

● 頗 哱吹氣也

● 他 旻不知丨

● 曾 秫穀名 朮同上 ⿰火术 苿白丨藥名 烁 ⿰火术煙出也

● 入 呐言唯

● 時 述傳舊也紀人之事纂人之言也又姓 術心丨

● 鶯 聿行貌 噊危也 ⿰矛刂刮去惡瘡也

● 門 勿禁也 物事丨人丨 沒沉也死也 沕丨淪 物件也

● 語 杌木無枝也又檮也 ⿸危兀危也 兀高貌又上平也不動貌又則也 ⿰亻兀不安也 杌動搖也

● 出 紬 索也

● 喜 佛 西方聖人也 核 菓中實也 紇 絲|之求也 佚 道經佛字

2 堅字韻上平

● 柳 嗹 嘍|言語繁絮又嘮|曲歌也

● 邊 邊 岸也傍|也畺界之地 邉 同上 籩 |豆 鞭 策馬箠也

● 求 堅 剛也固也又強動也 肩 |担 慳 |吝 鞬 弓衣

● 去 愆 過久也罪| 騫 虧也取也 僁 過也 鏗 |鏘金玉之聲又|爾琴聲將歇 鏟 門| 搴 拔取也 牽 |連也

● 地 顛 傾斜小倒也又|沛流離也 巔 同上 癲 狂病也 瘨 病痛 巔 山頂

● 頗 篇 蒨成章也 偏 側不中也 翩 |遷往來之貌 蹁 |躚

● 他 天 |地 兂 古天 靝 天會壳之器

● 曾 煎 乾煮 箋 花| 綫 細也 毡 氈 毛席也 鸇 鷙也 饘 燃粥也 栴 |壇喬木 邅 難行不進貌 旃 旗也通白曰| 羶 毛|臭羊

● 入 撚 以指撚物也 橪 香草 燃 |眉也火焚迫也

● 時 先|後 仙神|不死也 花草名 鮮美也花菓魚肉新的

● 鶯 焉 嫣美貌 湮水名 鄢邑名又姓 咽|喉 嵈 淵 渊深水 煙 烟火鬱氣也 胭|脂人唇 姻 婣婚門

闉城門 甄|別

● 門 聯童子黑也

● 語 汧泉病也 姸|蚩也又美貌也

● 出 千十百為一| 阡|陌田間水道也 遷|移 韆鞦| 仟中令長也 芉草盛也 撁 蹮舞貌 迁散

● 喜 軒輕舉貌又私居舍也 蓒草名生水中 屳古|也

褰字韻上上

● 柳 槤巘運也 璉瑚|宗廟所用之器|盛黍稷 輦車輪又姓 捵手伸物也

● 邊 扁器具不員又小舟曰| 稨籬上豆 藊同上 砭以石針刺病 貶罰責也 褊小也 蝙|蝠伏翼也

匾|額也又牌|也

● 求 ⿰衤襄 ⿰衤𡨄 褰袴也揭衣也 蹇跛也屯堆也又姓又卦名 謇|誇直言也 ⿰口蹇 ⿰言褰 ⿰言𡨄難也止言 ⿰馬蹇馬|也 繭|紬

● 去 犬 家畜守夜 遣 綴也送也使也 繾 丨卷厚情也 畎 丨畝 甽 古畝

● 地 典 丨常形法也又純丨 展 開也 㞡 古展

● 頗 貧 財長也 覑 視也

● 他 琠 玉名 腆 厚丨也 靦 面慙也

● 曾 踐 蹈也殺也跡也 戩 盡也進也福祥也 翦 剪 裁也截也 餞 送行之禮

● 入 蹸 蹂蹈也 撚 以指減物

● 時 洗 縧也姑丨律名 銑 金之滌澤者又小鑿也 癬 疥類 鮮 稀少也 毨 禿也鳥毛落生 跣 從是履地無鞋 筅 帚也

● 鶯 演 水長流也 偃 高食丨臥 兖 州名又姓 堰 隁 山石阻障水貌 鰋 魚名 衍 豐盛也水益也盖也又獸名葛丨

● 門 免 事不相及也 湎 溺也波丨飲酒 緬 遠思也 勉 丨強用力也 娩 妢丨生產也 冕 冠也其後有旒 沔 水名又水滿也 鮸 魚名

俛 丨首音俯 偭 腼 厚也多也

● 語 研 研 宛丨窮完也又姓也 礕 磨也破也 詽 怨也爭訟也 齴 露齒也

● 出 淺 水不深也 籛 竹器 棧 盛菓子也 殫 盡也

喜	見字韻上去	柳	邊	求	去	地	頗	他	曾	入	時
● 喜顯 顯光明遠又神靈也 俔譬諭也 睍｜晼清和宛轉之貌 誢靜言也 蜆蚌屬水蛤也 讞巘訪也訟獄也 峴山名	見字韻上去	● 柳砓 碾所以轢物器	● 邊徧｜處 遍週也匝也 變動也易也又權｜又通｜ 窆｜棺	● 求見視也目有所得 建置也樹立也	● 去譴責也問也怨也又姓 摼健行相及也	● 地殿版也又戰敗軍後曰｜ 癜澤濫泥也	● 頗片版也半也 騙騗欺謠躍上馬	● 他瑱以玉懸於紞而充耳不欲妄聽	● 曾戰恐懼也又兩軍相敵 荐薦至也屢也又逢連生不熟曰｜ 戩䕭草名 箭矢也 濺水激麗也 洊水仍也 戩晉也	● 入燃姓也	● 時扇所以搖風也 煽火盛 謆以言感人 騸閹馬也 搧動搖

●鶯燕 宴息也又鳥名 宴 同上 嚥 女稱 讌 合食也

●門哯 小兒嘔乳

●語骵 眰也 ⿰骨兼 瘦也

●出倩 好口輔人美貌 嚫 施也 儭 丨裏 藽 目不用也 蒨 同上又草蓋也 襯 近身衣也

●喜獻 逞物進丨上人又祭祀丨酒人進貢外國也 巘 山名也 讞 議獄也 絢 彩色也 憲 欣也縣法以示人也 甗 無底也 献 進丨

結字韻上入

●柳趚 禮不足可履者 浖 限陽也又山上水也

●邊別 分辨也 瞥⿱敝見 遇目也暫見也 蹩 跛也 ⿱敝隹 鷩 鳥名雉之屬 鱉鼈 介蟲縮頭魚也

●求結 締也疑也正法丨斷也 佶 正也 狤 丨狤獸名出自西城 袺 以衣貯物而又其袵也 潔潔 淨也 羯 羊枯桔胡我也 桔 柑丨

吉 凶也 橘 柚丨

●去孑 健也革也除也特出貌又獨手無臂 訐 面斥人隱攻發人之陰私也 詰 問也責也旦明曰丨朝 ⿰吉刂 剝面皮也 翓 人名也

頡 飛而上也又倉丨古人名 鴶 鳥名即布谷也又名鴶鵴之上 黠 丨慧也堅墨也 襭 衣衣貯之而披出于帶間 ⿱艹頡 蘢吉草名 偈 病也急也用力也

揭 撳負也高舉也 朅去也武壯貌 褐衣丨也 鶡皆採器名挩 纈結也又繒染也 拮丨据手足共作之狀 丫動貌 恝無憂愁也

挈提丨 鍥刻也 楔門根也

● 地 哲明智賢也 喆 嚞同上人名

● 頗 撇左戾也至地也 彆削也 潎水擊也又丨別流輕疾狀 徶 撆畧也臥也小擊也 襒拂也 鱉魚名 獙佛也 憋急世也

● 他 鉄俗丨銅丨 鐵黑金也 驖馬黑色也 撤快也取也剝也除也 澈水澄清見底 銕古丨

● 曾 折斷也 節符也又柱頭斗拱也丨判也又一年八丨 ⿰亻節樽屬 ⿰忄節巾丨可以拭物也 櫛木名 癤小兒頭上瘡名 浙地號名

● 入 ⿺走截走也

● 時 設置也 蔎香草名 薛人姓 偰人名 ⿰女薛狎也慢也污也 褻私服也 洩漏也 ⿸疒曳痢疾病也 ⿰糸殳鳥索也

爕和也熟也周夷王名 ⿰石燮石次玉名 痸痢病 泄丨瀉也仝洩 紲繫也

● 鷩 蝎桑蟲也名蝤蠐 蠍毒蟲 謁丨見也 閼同上 羯羊羖犗也

● 門 搣 摵手拔也摩也撚也

● 語 喫 ⿰口絜 囓嚙也噬也又姓

●出切截也又迫丨

●喜血氣也人身痰化為血丟弃也白音

㴳字韻下平

●柳連合也續也又姓秊年四季為一丨蓮花名漣水流丨鰱魚名聯對句也

●邊玭琕美珠也

●求⿰氵門令也⿰弓門角弓

●去乾丨首卦名墘逐丨虔誠敬也

●地田出粟之地又姓廛壥市宅也又一夫所耕也畋獵也躔日月之連星次也纏約束也又姓也

●頗覑現貌

●他填塞也又鼓聲瘨病丨謄傳抄嗔盛貌闐盛滿

●曾前光丨錢財用也

●入然是也

●時 禪憎之靜丨 嬋娟丨美態 蟬鳴蟲也

●鸞 延長久也 涎口津也 唌嘆也 梴長木也 綖冠上垂覆也 筵竹席也 緣姻丨 沿循流而下也 鉛錫類

●門 緜 綿丨遠不絕也又纏補也 棉花可為布 眠睡也 聯詩句也 緡鳥聲也

●語 言丨語 汧水名

●出 諓緣丨

●喜 玄黑也遠也 炫丨耀光明 眩目無童字 絃褂也 弦弓丨 舷船名丨 蚿蟲名 鉉鼎名 衒賣也 ⿰口賢權也 賢聖丨

健字韻下上

●柳 練小羊之版曰丨服 煉煅丨

●邊 卞地名又姓 汴州名 便丨宜也 ⿰亻㪅古便字 辧股間 忭欣喜丨也 辯丨論 緶丨溺也 辨 辦料理也

●求 健古丨 徤康丨有力不倦也 揵以肩舉物 楗門限也 鍵金丨也 腱大篇也 鞬索丨所以弓矢衣也

●去 蹇跛也

●地 佃治田之人曰丨 甸百里之民曰丨服 畋獵丨也 鈿螺也 電與雷同氣先高而照光也 殿堂之高丨也 奠安也祭祀丨酒

● 頗 [黹扁] 履底丨

● 他 昳 仰視

● 曾 賤 物不貴曰丨 濺 水激濯也

● 入 橪 木名

● 時 善 良也 膳 饍 供養也 繕 修補也 鱔 魚名 單 丨于匈奴之號 擅 自專也 磰 白土 燀 炎熱火起 墠 卑處平場

● 鶯 [艹衍] 蔓延不斷 椽 櫟木曰丨

● 門 面 丨貌 湎 飲酒失度 麵 磨麥幼粉

● 語 [酉面] 飲酒醉丨

● 出 掅 手托物也

● 喜 現 顯丨 晛 目氣明也 莧 菜名 硯 磨墨之器

竭字韻下入

● 柳 列 次序並丨 裂 衣裳破丨 洌 寒冷之氣 洌 水清而冷 烈 女貞而死也

● 邊 別分| 㓼衣服疲|也

● 求 竭盡也|力也 滐水邈迴也 磔死刑也又音穿 碣迎海山名 褐青黑色毛布衣也| 桀謚法凶暴曰| 杰 傑才過人也 榤雞栖

● 去 硈堅實不平

● 地 咥切齒 轍車之迹也 軼同上 垤小土堆 紩縫也 徹過也 跌蹶|也 瓞瓜|也 趃夫走也 峌山高貌

蛈蟲名蜘蛛別種穴名結網 耋 耊八十曰| 祬天官之職級 㝷 袠同上又献系|裹 袟望祭名又次序 迭更|

● 頗 獙飛也

● 他 澈水流貌

● 曾 捷敏勝也又姓 截斷也 諓論言 巀山高 箑扇也 蠘蟳類

● 入 熱炎盛氣

● 時 舌口中之| 剔治皮也 辥斷也

● 鶯 焆|烟狀 烓火光也 悅喜| 帙|數

● 門 滅盡也火熄也 衊污血 韈 袜 襪足衣也 蔑 篾笈|也

●語 孽木旁曰｜ 櫱穀牙又麫酒母曰｜ 孼 孽庶子也賤子也 孽庶｜ 鶂水鳥名｜ 鶃鳥聲也 闑門中｜ [illegible]｜垝不安

蘖妖｜ 臬門限 櫱樹根斷而復生嫩條曰｜

●出 節斷聲也

●喜 穴土孔也 泬水從穴出

3金字韻上平

●柳 歆小飲 諃善言也

●邊 瑊美玉也

●求 金寶山五行西方之位 惍利也 今古｜

●去 欽｜敬 衾 襟單被也同門壻曰｜ [illegible]心動也 衿同衾衹也

●地 [illegible]女鬼

●頗 𢒰文貌

●他 琛寶玉

●曾 斟酌也 鍼穿線也 簪首笄也 砧岸石 碪搏繒石

●入 絍丨織也又齊也

●時 心丨神 森木丨 芯草心

●鶯 音丨聲 陰丨陽 隂同上 愔安稱貌 瘖丨瘂 喑丨泣

●門 涔山名

●語 怜堅固也

●出 深水不淺曰丨 駸馬病行也 侵以強攻弱也 祲陰陽氣相侵漸以成災沴

●喜 忻 欣喜丨 歆神享 炘火光也

錦字韻上上

●柳 澟色慢也 凜因極也 檁屋上橫木也 廩 廪倉有屋也積穀處

●邊 髕膝蓋也又刖刑

●求 錦帛有文彩曰丨

● 去

噤｜口｜也 澿寒也

● 地

戡砍也 井投石井中也

● 他

顛｜顛懦弱貌 皷擊｜ 劤用力也

● 頗

彪文貌

● 曾

杌 枕寢用以相頭 頏頭後骨也

● 入

忍賤｜心安不仁也又姓 葱｜冬花名 紉以絲貫針 衽 袵絹帛之屬 飪 餁熟食也又烹調熟食之節 荏菽豆也 恁如何

● 時

審｜詳究寔也 沈地名又姓 諗謀也告也思念也

● 鶩

飲食｜也

● 門

噿口合不開也

● 語

趁低首疾行也

● 出

蔓葭也 寢困也 䟴 踸蹈踖行無常也 鋟刻板

● 喜

㾙創凶腫起也 ⿺辶希迎｜走也

禁字韻上去

●柳 ⿰木頁俯首也

●邊 領醒貌

●求 禁制也止也 ⿰禁力用力也

●去 ⿰石禁塞厥口閉也

●地 鴆毒鳥名其毛瀝酒人食死 ⿰瓜巴瓜青皮色曰|

●頗 ⿰木帚木名

●他 疢頭疼也 覘覘覘私出頭視也

●曾 浸漬也 浸|淫久雨也

●入 ⿰月忍胸⿰月忍也

●時 滲寒也 ⿸疒甚⿸疒先腹中病也

●鶯 蔭庇|也 癊廕屋宇之|也 噾|聲

● 門 覕 私出頭視也

● 語 噸 首動｜

● 出 沁 木名 廞 廕｜大屋 㕣 吣 央噎

● 喜 歙 人名漢有劉｜ 熻 炙也火氣也 歙 喧也

急字韻上入

● 柳 囚 動也 雴 雪日大雨也 慴 懾 汪也心怖伏也喪志氣 槢 木盛也 謵 言多也

● 邊 摎 挽也

● 求 急 迫｜ 彶 遽急 級 次第也階也首也 給 供｜也又姓

● 去 汲 引水井也 伋 全急又姓 吸 呼也 扱 取也接引也 泣 無聲之啼｜ 㴔 水流急也 笈 書箱

● 地 孨 孤陋可憐

● 頗 栚 木名似桐樹也又

● 他 釟 鉄也鉄器

● 曾 執 埶持守也 㔊執事丨 蓻茅芽也又草木不生 嚸鳴也

● 入 趇走也

● 時 濕潤澤也又水名 隰原丨上平曰原下平曰丨又州名也 雭小雨也 霫丨雪大貌

● 鶯 邑縣也四井為丨 悒憂不安也 浥濕潤也 挹拱丨指麾 筂捕魚器具也 揖拱丨讓也

● 門 赦赤也又笑聲

● 語 蝛蟲行貌

● 出 楫舟短提也 戢藏也止也又姓 諿續也 蕺草名又密貌 濈和也 㨶交情會歃也 咠言也口舌之聲 偮人衆也 湒水貌

霵雨貌又沸湧也 葺收補也 揖食聚也 輯 𨎥和諧也歃也 漆水名膠也又姓 桼 㯃水名有液枯黑可以飾器

膝膞也口骨也 藤藥名 㗊古丨

瘎字韻下平

● 喜 翕 翖合也起動也 潝水流疾聲也 嬆莊覆也 歙縮鼻歛氣也 熻熱氣也 譝病言 噏同吸丨

● 柳 林叢也蔽列山名又泪丨又姓 臨照也居上治下也 琳丨琅美玉也 痳小便不通也 淋 霖 𩅦水渥澆也又丨雨不止

● 邊 貼 小耳垂貌

● 求 棽 木枝修丨儷也

● 去 禽 鳥總名又姓 擒 打获也急覓也 檎 林丨菓名 琴 樂系屬或五絃七絃又姓

● 地 沉 沒也溺物水中也

● 頗 榺 木名也

● 他 瘎 疣 腹內病又動也

● 曾 蟳 兩股八足

● 入 任 王母姓 壬 天干名北方之位

● 時 尋 丨覓又十尺曰丨 諶 誠信也又姓 煁 秋金之火 葚 桑寔黑丨 蟳 以六燎之物 潯 水涯也 璕 石次玉者

● 鶯 淫 好亂也 霪 久雨也

● 門 霠 小雨

● 語 吟 咏也 岑 山小而高 涔 漬也 碒 磤石名 砱 石丨 芩 萸丨藥名

● 出 礑石門也

● 喜 熊獸名似豕如人又姓

妗字韻下上

● 柳 畓大火起也

● 邊 侈宰丨頭向前也

● 求 妗舅之妻曰丨

● 去 噤口不開也

● 地 朕我也天子自稱也 ⿰氵朕水流也 ⿰火朕隔水煮也 眹目童子也

● 頗 舊物不鮮也又臭草也

● 他 覘私出頭視

● 曾 鍖丨銋也

● 他 覘私出頭視

● 入 刄鋒也刀也 仞八尺曰刄 屻山曲也 牣滿也 認言不易也 軔車輪之木也 任用也 ⿰目刃視丨 賃傭僱也借丨也

稔 年也又豐穀丨 妊 姙 婦人懷孕也

● 時 甚 尤也

● 鶯 癓 祈物美竟

● 門 䏌 自動之也

● 語 抣 揕 把持也

● 出 葠 覆也

● 喜 諶 誠也信也

及字韻下入

● 柳 立 往也坐丨健置也 苙 草名 笠 戴以遮雨也 粒 繆也米丨也 太 立本字也

● 邊 趄 日走之貌

● 求 及 至也 芨 白丨藥名

● 去 掐 爪刺也

4 歸字韻上平

● 地 蟄 蟲動也 直 曲|也 侄 姪 伯凡之子曰|

● 頗 浸 水貌

● 他 湁 |瀵水沸

● 曾 集 |聚也 潗 泉出微細通也 㗱 |噍聲

● 入 入 亽 納也

● 時 十 什 數名 拾 掇也收也 習 鳥數飛也又時|也 熠 光盛 蝔 蟲行 翫 飛也

● 鶯 噏 青雲長流露瑕

● 門 桥 槌之横也

● 語 圾 岌 危也高不安也

● 出 㥏 憛|失志

● 喜 空音

● 柳 倭 捼 ⿰木委 松柏|也

● 邊 翬 六|大厝

● 求 歸 返也 雉 鳥名 闚 頒頭邪視 ⿱規鳥 子|鳥名 窺 深視也竊取也 規 箴也方員之器 閨 |門女人房 邽 縣名 龜 甲蟲壽至數百年甲可卜

● 去 虧 缺也 開 分去也

● 地 追 逐也又遡念也 騅 騡 堆 土| ⿰面自 面醜貌

● 頗 啡 臥息

● 他 梯 木楷

● 曾 錐 鑽| 騅 隹 鳥名

● 入 ⿰禾委 禾四把曰|

● 時 雖 設想之詞也 綏 安也挽以上車之索 荽 菜名即莞| 蓑 蔽雨之衣 鏙 瓶|

● 鶯 威 嚴猛也 葳 蕤草不盛也 逶 |延衰行

● 門 ⿱非毛 紛也細毛也 ⿱穴米 溦 ⿰氵微 霺 細雨| 眛 目輕視也

● 語 㒩 稲名

● 出 炊 爨也 蓷 益母草也 吹 嘘氣也鼓也 催 保迫 倠 採才也 推 移也擇也排也 崔 丨嵬山高貌又高色也 歆 古丨

● 喜 非 不是也 飛 鳥高舉而翔 騑 馬行不止 揮 振也又官名 扉 散門 犕 獸似牛白首一目也 徽 美也 輝 光明也 撝 手指曰丨

煇 火光也丨 緋 絳也 妃 次于皇后曰丨天子之側室也 霏 雲雨雰也 菲 芳丨

鬼字韻上上

● 柳 蘬 葛類 䉪 竹器籃屬 礧 磊 衆石也石自高而下 磥 壘 畢辟也魁丨壯貌 絫 十添十丨為丨為鍊 誄 壘也增也禱也 蕋 蕊 花未開也

瘰 瘰 丨瘰項中結病 橤 蘂 蘃 花心鬚也又花房也 讄 累其功德為文以哀之

● 邊 吡 呰也 䏢 皮散

● 求 鬼 人死則為丨陰灵也 軌 匭 車取也 [illegible] 簋 宗廟盛黍稷之器 磈 丨礧石貌 傀 丨儡木偶人也 宄 奸丨內盜也

● 去 詭 詐也 瑰 隗 人名 垝 毀垣也

● 地 [illegible] 着力牽也

● 頗 叱 嚱也

●他蹆腿足股也

●曾水泉也

●入脺脆柔輕也潤澤也又小而大物易斷也

●時水面貌好又丨火

●⿱委鳥委曲也唯諾也應詞也韋姓也煒光明也韙是也美也舅呼鴨名也葦葭丨偉奇大也瑋玉也韡華盛也

痿⿸疒韋弱也洧水名鮪魚名褘婦人衣⿱雨韋雷根之聲虺蛇丨屬又人名鷕雞雉聲諉推也禕美也蔿草名

●門浼污也又水貌⿰禾尾饋也

●語頠開習容止也飲疲極也隗嶉丨高也

●出揣丨度也惴憂懼遄往來髓骨中脂也漼水也

●喜斐文貌匪丨類篚竹器箱屬員曰丨菲薄也翡鳥名也燬焚也壞也火烈也棐輔也蜚蝗屬也悱口欲言而未能之貌

蜰蠐蟲臭蟲奜大也誹諻譭毀謗也又丨傷也

貴字韻上去

● 柳 頼 頭不正也

● 邊 瘹 熟生瘡也 沸 泉湧出也

● 求 貴 尊丨多價曰丨 筀 竹名 桂 花名 季 一年四丨 癸 天干之名 鄶 丨手

● 去 悸 心動也又帶下垂 痵 病中恐也 媿 愧 慚也怍也

● 地 對 丨答 碓 舂米器具 对 双丨 對 口丨

● 頗 屁 俗丨 唾 口丨 ⿰米贊 氣下泄也

● 他 頧 頭縮也

● 曾 醉 酒過酣也

● 入 淬 寒也

● 時 帥 主將也 睟 氣清和潤澤貌 粹 精純丨也 睡 寢也 淬 潤水 戍 屯兵守也 邃 深遠也

● 鶯 畏 驚忌也 尉 侯也官名 慰 撫安也

● 門 ⿰豸并 獸似豕也

● 語 醴酒醉之甚也

● 出 翠鳥名有光彩毛可為飾 啐吐｜呼也又驚也 脺顏色潤澤也 碎細破也｜ 毳毛㲰也 崪 崒聚集也危峻也

● 喜 卉芳草｜ 芾 市木盛也 費｜用也 廢｜置也 諱隱｜又避忌也 緯織之橫曰｜又經天｜地 狒獸名 翽鳥飛也

葵字韻下平

● 柳 雷天震之聲 瘤痱｜皮外小起 澑澤｜ 擂研物也

● 邊 肥多肉也又地茲也

● 求 葵花名又菜名 揆推度也 騤馬行盛強不息也 逵通衢大路 馗鍾｜神名 頄面貌 夔木之怪也又人名獸名皮可為鼓又國名也姓

● 去 魄人名 瑰石次玉者

● 地 搥擊也

● 頗 呸口也

● 他 槌椰也 鎚同上 尜頭尾大也 𤸷疾｜ 錘

● 曾 厜山巔也

● 入 楼桵木名也

● 時 垂自上及下也 棰刑具 箠刑具馬策也 甤草名花葉茂也 誰何也 隨｜侍生｜ 瓍珠名 陲遠近也

● 鶯 為造作也 幃帷帳也 圍守也又九州也又曰九｜ 違逆也限也 遺餘失也陳迹也 壝基址 桅船｜也 維惟網｜四｜

● 門 薇薇菜名似蕨也 [豸隹]獸名

● 語 危險不安也 嵬土山帶石也 巍高大也

● 出 [食耑]食也

● 喜 磁瓦器 淝水名 肥不瘦也

饋字韻下上

● 柳 類等｜ 彙｜集也 泪目液 累連｜ 縋以繩懸物而下曰｜ 擂鼓｜ 攂同上 跦足跌也 淚眼｜

● 邊 吠犬｜ 蟦石具蟲名

● 求 饋送行禮之 [貝貴]餉也進食于長者 匱饋匣也乏也 跪拜也 櫃木具也 闠門｜ 簣籄土籠也 餽送｜

● 去 [彳畏]卻也

●地 隊丨伍也 墜 墮 ⿱隋示底也 駾馬疾行病也 濧清也濡也 ⿰石㒸鎮也 硾同上 鐩 鐆取火于日中也 喙隨也

⿱雨㒸 霨雨丨 譵怨也惡也

●頹 啡息臥吐氣

●他 膇腫墜病 遂 ⿺辶業足不前也 ⿰鬼頁頭不正又大

●曾 崒 萃卦名 顇顦丨瘁也憂也 瘁憂苦也 悴心憔丨也

●入 叡人名

●時 遂稱意曰丨因偏也 穟禾成秀也 襚贈終衣也 ⿸疒遂風⿸疒遂病 ⿱艹遂同穟 璲 ⿰革遂 繸佩玉之組 墮山名狹而長也又山密曰丨

瑞祥丨吉兆也 隧深溝為路也 燧 邃深遠也 潒同上 澻田間水道也 ⿰忄遂深思也 檖木名

●鷲 位坐丨 謂與之言也 蝟獸名遍身有刺如栗房 渭水名 胃谷腑也 鄬地名又姓 壝土坪也

●門 ⿰禾阝地名 ⿰米尾 ⿰禾尾 ⿰食尾饘也 荱草垂也 楨前引

●語 偽詭詐也 魏國名又姓 犩似犬而大 ⿱韋香菜名

●出 竁穿丨

● 喜　惠（恩也）蕙（草名又有花曰蘭丨）蟪（丨姑海蟲）譓（辨察多謀）恚（怨恨也）嘒（小明也）慧　彗（性通明也）蔧（草掃也）

槥　櫘（小棺）篲　⿱竹慧（草掃箒也）

5 家字韻上平

● 柳　瘤（筋腴也）説（言不止也）

● 邊　攽（以筋取物也）

● 求　加（增也）珈（石次玉也）笳（胡摎甘葉吹之曰丨）佳（善也）葭（蒹丨蘆也）嘉（善也又褒稱）家（婦人以夫為家）跏（屈足坐也）痂（乾瘍也）袈（丨裟）

● 去　恪（恐惧也）歆（出氣也）

● 地　挓（丨抄開也）礁（石丨）

● 頗　葩（花貌也）批（丨信）

● 他　⿱宀奈（⿱宀亞⿱宀奈嬌態貌）齣（大切齒也）

● 曾　查（究也）楂（水中浮木也）渣（葯滓也）槎（浮木也）

● 入（空音）

● 時 砂 沙 細石也又｜門僧家之號 紗 棉紡也 裟 袈｜僧服 鯊 魚名 鈔 銅器

● 鶯 澀 深｜

● 門 㾊 難言也

● 語 ⿰言而 人名

● 出 差 錯也 扠 以木取物 叉 兩手相｜取也 侘 未定也

● 喜 咳 嗽聲也

假字韻上上

● 柳 ⿱宀亞 驕態也

● 求 假 借也非真也 椵 檟 木可為琴 賈 姓也 耞 連｜打具也 斚 斝 ⿱斚舛 玉爵爵鬯之器也

● 去 ⿰酉可 若須也

● 地 ⿰魚差 ⿱羞魚 鮓 以盐米釀魚為菹食 奓 自大也 ⿰魚⿱㸚工 以盐米菹魚熱可食也 ⿰言䖒 ｜訝

● 頗 ⿺辶巴 短貌

● 他 奼美女也又河上丨女水銀也

● 曾 寀前有改也

● 入 梓木名

● 時 傻輕丨不仁

● 鶯 啞口不能言也 瘂行不止也 瘂瘖丨

● 門 碼市鎮也 馬騎畜 瑪丨瑙石 媽公丨

● 語 閜 閜空也大開豁也 閺見也

● 出 奼 姹美女也

● 喜 庌廡也漢野路侯迎賓客也

嫁字韻上去

● 柳 嘐羅丨 歞投聲 啯音變

● 邊 霸虩丨 𤓰瓜丨

● 求 嫁女子夫也 稼種五穀也 架秤| 價|數也 駕馭也車掛馬曰|

● 去 ⿰骨叚 ⿰骨可 骼 骼 路腰骨 恪多木值也

● 地 虘虎不柔也

● 頗 帊帳| 帕布|又花|

● 他 咤噑也

● 曾 詐偽| 債負財

● 入 ⿰月商腏肉也

● 時 ⿰少刂刺也 ⿵門易開也 ⿰麥昜日乾物也 洒 灑以水灑地也 ⿰氵丽掃|

● 鶯 ⿰矢亞短也

● 門 ⿰氵害波相激也|

● 語 呀張口貌也

● 出 瘥病也 廁池| 厠問次也高岸俠水 咤人名 詫噴也又叱| 侘失志也 吒同淚| 溠水名

●喜𡨄鎛製也

隔字韻上入

●柳靂雷聲也栗木名

●邊柏松丨木也伯父之兄也百十滿數也白音

●求隔離別也搹開也膈心胃間骨䈇竹笆也格丨式也又補也垎土底深處

●去客外來之人鵲報喜之鳥挌手把箸也督眼睛不開也碱丨破鈌少欠也篋小箱也

●地簀床丨也壓從上丨也

●頗珀琥丨碧玉類深青色

●他裼赤身也

●曾仄呼字音平丨也雀鳥名績紡丨

●入讀丨怒

●時霎寒雨

●鶯 厄 阨苦難也 軛犂與車駕牛者

●門 騞破石也

●語 扨將丨

●出 册書籍也 策論丨

●喜 哧敢作成事

枷字韻下平

●柳 詉喧丨 𧦝誣也

●邊 杷枇丨菓名收穀器具 爬搔丨 鈀兵器 琶琵丨胡琴也 筢除草具也 舥船丨

●求 枷丨項刑具也 抲取也

●去 杈 搋以棒加物也 齣大齧也

●地 茶味香可烹食 楂油丨

●頗 歌人名

● 他蹠竹失序也

● 曾揸丨物

● 入櫨果屬似梨而酸也

● 時粣丨糝

● 鶯鞋足衣

● 門⿸厂雚雞名鷹鳥名

● 語牙齒也芽萌丨衙官署疨牙作病也

● 出痄丨疨病痛瘡下合也

● 喜瑕玉玷也遐遠也蝦鰕水中甲蟲也猳霞暮時大布彩雲也颬開口吐氣也

下字韻下上

● 柳⿰氵謦淚目液也

● 邊父我生之丨爸同上耙耚犂丨陛丨下皇帝位也

●求下 短短也 ⿰立身⿰足身短人立也 低高｜

●去格 鞍｜

●地縿 鮓｜絮相着

●頗稗 草似稻⿱⺮西實紉也

●他蚱 蛇 鮓水母傍蝦作目

●曾乍 初也暫也 蜡祭名 寨壘也大柵也 砦木柵也 䄍年終祭名

●入榎 山楸又條可為杖

●時癠 病也 庍厲｜傍屋也

●鶯廈 地名

●門⿱大乍 自大也

●語迓 迎也 衙 訝疑怪也

●出紁 衣也 嚌眾也

●喜夏四時之次又中國曰丨暇閑也

汐字韻下入

●柳剳劄割也被也鱷魪丨魚名笠大丨

●邊白白絜也小白鳥帛緞疋也

●求逆不順也搭手把箸也

●去歎人名

●地汐海水近也又朝水曰潮歹水曰汐海迭地名舴舟水舟也

●頗汴水名汃波相激聲又西極水名也

●他宅住居厝也

●曾饆飯壞曰丨浟水流下乾也湕繞有水曰丨

●入榨醡壓酒具也

●時霹雨丨

●鶯耤人名

●門麥穀名貘獸似熊象鼻犀目牛尾虎足出蜀中嗜食銅鐵

●語訝嘲歒也

●出傄偲動聲也

●喜楧木名

卷一终

增補彙音卷二　干光乖京官

6干字韻上平

●柳　趼研足底生起如繭者　囒荷｜又呀｜色也

●邊　班列也齊等也　頒分布　斑駁之雜色　瘢瘡｜　肦同班　瘢病｜

●求　干紀也盾也　間中少頃也　奸惡也　蕳蘭也　玕琅｜也美石也　乾燥也　菅草似茅名者　艱難也　竿竹枝也　肝心｜

姦淫也　研磁器　杆欄｜

●去　刊箾也刻也　牽扯也連也　衎寬裕

●地　丹赤色也丹心也　单單孤也箔也　簞竹器也　襌衣無裡也　鄲邯｜縣名　殫盡也竭也　驒馬青黑色有班如魚鱗　癉小兒病症也

匰單｜　旜太上作見老君碑｜

●頗　扳攀援也折也取也

●他　灘水邊沙石處為｜　攤鋪賭也　嘽盛貌　蟶蚌屬

●曾　繒｜索　罾捕魚網也　曾人姓

● 入 麛鹿有力也

● 時 山土高曰丨 刪丨削又實也 珊丨瑚海中枯木赤色知吉凶也 芟陳針 芟除也 跚生之行跛也 邖地名也 姍美好也

● 鶯 安稳也定也 鞍馬丨

● 門 屘續尾子白丨

● 語 顔眉目之門

● 出 潺水流出聲也 餐 湌熟食也 孱怒也

● 喜 嫨怒也

簡字韻上上

● 柳 俺 喀 咱我也 赧差也 𧹞 赧慚而赤面 懶 嬾怠惰懈也 戁恭也疏懼也

● 邊 板 版戶籍也 昄丨章天明也 坂丨坡 舨船丨大船也舢丨小船也 阪陂丨澤障也 [疒反]心惡吐疾也

● 求 簡慢也又姓 柬書扎也選擇也 繭蟲房也 揀丨選 擀以手伸物也 簳箭也 媡奴丨也 襇攝丨也 襺蟲丨

● 去 偘 侃剛直也 衎信也和樂也 肯許也滓腔

● 地 等特也 刑割也拍也

● 頗 闊門中視也

● 他 坦寬平| 怛恐懼也悲慘也 疸黃|病症 毤 毯 氈毛席也 袒衣也 膻肉|也 癉 癉怒也勞也又小兒病也

● 忐|忑 亶誠信也 幝車敝也 僤迭動也

● 曾 琖 盞小酒盃也 棧危高也 儹 儹聚也 剗削平也 趲 趲迫也走也 鑽人名

● 入 輪腰鞾

● 時 產生|業也 滻水名 鏟 剷平木器也 散流通不聚又不聚檢束也 瘦肉不肥也 弗炙肉也

● 鶯 櫶木裂也

● 門 挽引也

● 語 眼目也 研轢磨也

● 出 筅竹|入板也 㬎溫淫也

● 喜 罕少也 悍惡性也 捍衛也 焊炙乾也 澣濯也 僩嚴威 撊寬大貌又不安貌 瞷 覵人名也 暵 熯乾也

諫字韻上去

● 柳 ⿰冀羅手擊槌穿去曰丨

● 邊 ⿰木班木名以橘樹曰丨

● 求 諫諍也直言以諫也 ⿰山間 澗山夾水曰丨 癇小兒病症也 ⿰虫間丨蛤黑丨 鐧蚌屬 幹能事也又不正出曰枝丨

● 去 看見也又顧也

● 地 旦明日初升也又戲丨 担丨挑 襢 綻衣縫解也 誕生日也

● 頗 盻 盼視也目好白黑分曰貌也 襻腰帶也 襻

● 他 歎 嘆太息羨美也 炭木燒末灰也 趂從也逐也

● 曾 賛 贊參丨又成丨也 儹稱美也 瓚 瓚宗廟禮器 禶祝神也 纘繼集也 層級也次也 酇地名 讚稱也

鑽 鑽錐也 棧丨房也

● 入 ⿰龺金膘輦

● 時 霰雪粒丨 訕謗誹也 線縷丨 傘蔽雨也 汕舒貌

● 鶯 按 抑也考驗據察而行 桉 案 儿丨 晏 安也 鷃 鳥名

● 門 ⿰皮曼 皮脫也

● 語 蘘 鮮玉落水曰丨

● 出 粲 飯也粟之精鑿也 澯 光明也 璨 玉光也 燦 明也

● 喜 ⿰亻𦰩 男子也 漢 天河也又國號也 暵 旱燥也

割字韻上入

● 柳 喇 喝丨言急也 捺 平按也 瘵 疤 瘡丨

● 邊 八 捌 七添一曰丨又數也 扒 仈 人名

● 求 葛 草名蔓生皮可為布 澫 水屏也波勢也 割 斷也切也截也 墼 未燒土磚曰丨 ⿱毄瓦 同上

● 去 渴 激 水涸口乾也

● 地 妲 紂王妃丨己 炟 爆也 笪 覆船篳也 噠 西夷名

● 頗 汃 人名 ⿰石八 石鼓聲

● 他 撻打踼也 㺚獺獸名食魚也 韃打擊也又狄名 躂踼足斥也足跌也 闥門| 澾泥滑也 ⿰亻達佻|叛也 塞填孔穴也

● 曾 撈拶逼也 節竹目也又|度也 扎批|又|書也 劄|副

● 入 衵索縛物盡力挽曰|

● 時 殺誅戮也 摋側手擊也 虱人身所主之蟲 蕯薩菩| 蝨木| 煞杀氣|

● 鶯 遏人名 閼止也 揠拔| 頞額也鼻樑也 齃鼻|也 堨以土障水

● 門 閃邪視也 識知也認也

● 語 屵岸高也 聐耳無聞也

● 出 察省視也詳細也 ⿰忄審誤寫 ⿰忄察審也也 擦厚| 魅⿺鬼察羅|鬼名 詧同察 ⿰目察見|視也 刹僧家所居之舍也 漆㯃木名液可飾器也

● 喜 曷何也 喝嗽呵也嘶也又怨聲 獦獥短喙犬也 毼褐毛布賤者之服 擖胡也撻也 轕車馬喧雜貌又戟形也 轄

鍇車軸頭铁也 勱勤謹慎力也 豁開也通流 瞎目盲 鶡鳥名 愒心| 牽勤謹慎力無事則脫設之而後行也

蘭字韻下平

● 柳 蘭花名其香幽遠故為|契 難不易也 欄|杆又畜欄也 闌門也遮也 攔阻擋也 零⿱覀令餘數 ⿰歹闌雜色 瀾波|縈迴之貌 鱗魚|又|甲也

● 邊 缾 瓶 酒器也

● 求 揵 相援也

● 去 栞 槎識也

● 地 陳 人姓

● 頗 畈 田｜平疇也

● 他 壇 封土登場又建道｜ 檀 木香焚之可通神明 彈 射也鼓絃曰｜ 坛 同壇 撣 觸也又指鼓絃曰｜

● 曾 殘 害也花落曰｜ 前 後｜漳腔

● 入 眾 獸名

● 時 纖 繳絲為｜又綾雨

● 鶯 閑 閒 ｜暇也漳腔

● 門 閩 福建省名 蠻 夷名又鳥聲 曼 長也遠路 墁 墻壁之飾也 謾 欺｜ 鬘 ｜帳 蔓 ｜菜名又延蔓也又姓 趨 行遲也 鰻 魚名似蛇無鱗

● 語 顏 容｜ 顏 事訟也聲 琂 石似玉也

●出 田丨園也又姓

●喜 寒冷也 韓姓也 閑 閒丨暇無事也 韓姓也 鷳鳥名

但走音 字韻下上

●柳 難患也 爛過丨也又燦丨無光 𡳞 生男子之陽物也

●邊 瓣瓜片也 扮打丨 汴梁地 办物丨 辦丨事也同办

●求 簡仔也 倝日照出光

●去 鵮丨鵮鳥名

●地 但人名 誕妄也發語詞也 叚條也又姓 僤疾也 憚畏難也 瘕腹結病也 靛青底澤也 彈弓丨

●頗 鐢人名

●他 組補綻也

●曾 濺水激也又以血噴之 棧危高也 助佐也白音

●入 䜟谷也

● 時 散樹根穿石曰｜

● 鶯 限寬｜｜量 閫門目也

● 門 幔帷幙也 澷漫水廣大也 慢怠惰不敬 嫚侮也 万萬十千曰｜ 縵𦅾繒無文也又寬心也 饅麵粿也

邁毒出｜ 丂古萬字 命性也

● 語 岸田｜界也 彥閩勇也粗俗也 諺俗語｜ 唁吊失曰｜ 雁鴈鳥名似鵞 犴獄名 厈山高也 贗偽物 鷹鳥名

● 出 𤪠玉也

● 喜 汗人液也 旱日久不雨也 閈里門也閎又垣也 鼾｜睡臥息 澣濯衣垢也 翰人名 旰日晚也 銲臂甲也 闬里門垣也

骭脛骨 皯面黑氣也 哻｜睡

達 走音 字韻下入

● 柳 揦｜撥手披 ⿱剌黑 鯻 鱱魚名 力氣｜ 栗菓子也 癧瘰｜

● 邊 別非此也

● 求 嘎人名

● 去 歠 口乾欲飲也

● 地 達 通也 薘 菜名也草也 値 物價也

● 頻 襻 衣|

● 他 涬 水出貌

● 曾 ⿰魚戔 鰂 魚名又名目| 捌 逼|也

● 入 ⿱髟音 細|

● 時 撒 攃 擇散也

● 鶯 ⿱巛⿱冖辛 螻蛄也

● 門 密 不疏也 ⿰耳必 惡也

● 語 ⿰口縣 象聲 ⿰縣欠 服|瘦貌

● 出 賊 盜|

● 喜 觳 |觫恐懼也 ⿰米曷 米| 轂 急束也

7 光字韻上平

●柳 鼟 鼟 盤 鼛小鼓聲也

●邊 犅牛脊也 幫襯丨治鞋履也

●求 光明也 玜玉名 侊小貌丨飯盛饌 灮光之本字 工百丨丨夫 扛對舉也 釭 鋼瓦器也又大甕 功丨勳丨 攻丨擊治也

公無私也 蚣蜈丨毒蟲也 岡 崗山頂 剛堅勁也 綱三丨也 罡道家書符字魁丨也 胱膀丨 信古丨 龔古字 矼水丨

●去 康安也又姓 眶息候也 箜丨篌是樂器 崆丨峒魚知也 桄榔木也 筐竹器 匡正也 糠米皮也 空丨虛也

悾無知也 硿瓦器盂也 亢頸丨

●地 東日月所出之丨方也 冬四時之末 當担丨 佟姓丨 璫充耳珠也 襠袴丨 艡⿰舟氐丨所戰船也 ⿰忄東愚也 鐺金聲也

●頗 韸鼓聲 艂員船也

●他 湯熱丨也 通達也 鏜鐘鼓也丨

●曾 宗祖也 琮瑞玉也 悰樂也慮也 淙水名也 牂母羔也 踪 蹤跡也 艐船着沙不行 庄丨里也 椶 棕木名皮可為罜

莊端嚴也又姓 騌馬鬃也 妝 娤 裝束也姓也 粧 粃粉飾也 鬉 鬃毛亂也 鬃高髻 賍 贓 贜丨物財賄

●入舡虛張也

●時桑木名葉可飼蚕艘舟名丧持服曰丨双雙雙偶也霜雨露成丨孀寡婦也鬆鬆不聚也又頭髮亂也

●鶯汪水深廣浩又姓翁長者之稱又姓尪尫神像也蓊草木盛貌螉細腰蚱也

●門摸物種

●語骯馬頭高也

●出倉盛五谷之處滄丨浪水名鶬丨鶊鳥名蒼青色又天地丨生蹌趨丨行也瘡病症瑲美石似玉窓窓窗助戶為明者門丨也

仺古窗字蔥葱葷菜名斨方頭斧也聰聦丨明耳力也匆丨丨鎗丨刀驄馬青白色曰丨牕同窗

●喜方向也術也又姓風天地之噫氣芳草草也香氣也楓木名又三綾也坊丨表也魴赤尾魚名瘋丨病也荒丨蕪穀不熟也

丰面置滿丨采也丨峰峯山尖也烽烟火曰丨蜂釀蜜蟲也鋒刀劍銳也枋木鋸箔块祊祭皿方也巟水廣也

封賜爵豊豐丨盛也又年丨有收曰丨鄷地名蠭毒蟲名也澧水名也葑蔓青也慌丨忙

廣字韻上上

●柳朗光明也晄晃熀同上滉丨瀁水深廣也曩昨日也籠竹丨

● 邊 榜榜 笞杖也又別文以示眾也 牓 同上 𣯴㲬 毛有文也 菶 草名 琫 佩刀首飾 綁 ｜縛

● 求 廣 大也又省名 礦 金銅銀鉄璞也 管 白音竹｜

● 去 孔 空也又姓 慷 ｜慨也 儣 不平也

● 地 董 督正也宮音切 黨党 朋也相助匿非曰｜ 讜 直言也 懂 心亂也 儻 卓異也 矘 目無睛又直視 戃 ｜慌失心

● 頗 拜 扗 兩手以相拱也 俁 品｜詐偽人言也 靚 視物也

● 他 統統 總也攝理也 捅 ｜進前也 桶 木器以盛水器 倘 急然也又設言也

● 曾 總總 聚束也｜角束髮也 綜 机縷也 偬 窮困也假也 鬆 高髻 鬃 馬鬣也

● 入 瓔 玉器

● 時 爽 ｜快猛烈也又失也又天微明 爽 ｜毀 滾 淨｜ 慡 性明也 磢 柱下石也 顙 ｜額也 㥦懹 悚懼也 搜搡 推進也

● 鶯 往 去也過也又昔日也 枉 屈也又不直也

● 門 蟒 大蛇也 蝄魎 山川之精狀如三歲小兒赤黑色赤眼長目美髮 網 罟也結繩以取魚也 輞 輪外圍也又州名 𧩼 謪｜言不定也

漭 ｜泱大水也又滾水也 罔 無也不又也無知也蔽也 莽 ｜力也又草｜ 惘 失志也 𨧰 鈷｜熨斗 䁅 不明也 网 結繩以取魚也 莔 草名

●語 駈 駠馬驚怒也馬頸高也

●出 愴悽｜悲惻 剩皮傷也

●喜 訪謁也問｜ 昉 彷｜佛也 紡｜織也 諷誦也微刺也 謊狂言也誑也 愰心不定也 恍 慌不分明也 髣｜髴聞見不審也

捧兩手拱承也 俸仕者之祿 貺賜也與也 倣依也 況矧也譬擬也 忼狂也不得意也

貢字韻上去

●柳 鄉 躴｜康身長大也

●邊 謗訕毀也 艕船｜肩｜

●求 貢獻也又進也 贛同上 ⿰金貢堅也 槓花也 ⿰火国堅力也 誑 誆欺妄言也

●去 亢高也遇也 伉｜儷配偶也 抗張蔽也 犺健火不順也 控引也 炕床以火溫｜體也 頏飛上曰頡飛下曰｜ 倥無知也又困也

⿰口康呀也 躿躴｜也 壙墓火也開地也 曠濶也 纊絮之細也 獷粗惡暴言無視也 鞚馬勒 吭頸也

●地 涷寒也 蝀虹｜也 當得宜也 儅便｜也 棟｜樑

●頗 ⿰普工虛脹也

● 他 痛 疼 傷也 [illegible] 陸地行舟

● 曾 壯 強猛也 葬 塟 埋｜也 粽 糉 角黍也

● 入 靚 靚明明也

● 時 宋 國名又姓 送 餞行 丧 喪 亡失也

● 鶯 [illegible] 大甖也 瓮 罌也 塕 塵起也 [illegible] 人名

● 門 [illegible] 絹也給也 [illegible] 咸也

● 語 [illegible] 山名在南陽縣也 [illegible] 猰也

● 出 創 造也 滄 寒也 愴 悽｜

● 喜 放 失｜ 吽 咒語

各字韻上入

● 柳 角 獸名 [illegible] 衄 䶊 鼻出血也刀傷也 [illegible] [illegible] 慙而面赤 [illegible] ｜踈死也 [illegible] 角里先生也 [illegible] 水激聲又水湧也

● 邊 卜 筮也問卦又姓 北 朔方也坎地方東也 駁 馬色不純也

●求 各異也 谷山水所趨之澗曰| 咯 㗃 喻雉聲 閣樓| 国 國大曰邦小曰| 幗婦喪冠也 郭外城也又姓也 椁外棺也

㵸水名 鞹皮去毛者也 榖 穀五|稻也善也 轂車輻所湊又暢也 略液下 袼腋下衣合縫處 圀 [illegible]古之國字 廓開也虚也空大也

●去 告用羊|廟 梏桎| 牿閑牧牛馬也 酷苛政|雪也又酒味酸也 哭哀泣也

●地 㧻推擊也 椓同上 涿流溫也|鹿地名 硺 琢擊也治玉石也 啅 噣 啄鳥食也 豚|尾下竅也 卓立也 倬大著也

督率責也 篤厚也實也

●頗 朴杖也木皮也 璞 墣土块也 璞玉在石中也 幞 襆|頭周武之帝所裁幅巾也 撲盾也|索也 擈物盡生也 鏷生铁

濮水名又火地名 愽廣也 瞨傑也界也 鏄田器去草追地也 煿火乾也 釙金|也 粕糟|酒飯泮也 [illegible]米| [illegible]硝|药名

髆肩|

●他 仛 [illegible]寄也巖地也 托 拓推也承物也 託寄委信任也| 柘桑| 檡木生萬葉也 橐用力貌又無底|懸于腰間也 柝夜擊也

●曾 作造起也

●入 [illegible]玉未成器也

●時 束約也又立定為|修贊之萿 涑川|水名 敕吹也口哈用也 速疾也鹿迹也召也 蔌菜名 [illegible] 樕小木也 觫觳|恐懼也 遬

餗鼎食也 鏉金也又束手填也 朔初一也又丨方是北方也 搠塗丨也 槊矛賊屬也 塑泥丨物也

●鶯 屋舍丨 惡反善也污穢 堊塗也洗泥之後以飾灰

●門 獏豬食糘之貌丨

●語 矆勇也

●出 茁草斗任也 遣交丨亂也 錯設也乘舛也 棤粗木也 蔟聚也又太丨正月律令 鏃箭之丨也 齪意捉局肢也 剒治犀

●喜 福休善也祥祐也 幅 䋨丨巾隱士之服又行纏 蔔草名 蝠蝙丨候翼飛鼠也 輻輪也 壑谷也坑也水所歸也 腹肚也五腸之所

蕧旋丨一名金沸草药名也 馥香氣也 覆倒敗也反丨也 輹車中伏鬼又車下縛也 鰒魚名一名石決明 蝮毒蟲也 霍山名又大山曰繞小山曰丨

臛為羹無有菜曰丨 癨丨乱瘧疾也 複重也 熇熱貌 篗取魚竹器 洫丨溝 篧草魚器也 坙坑丨

狂字韻下平

●柳 郎男子之稱 浪滄丨水名 廊殿下兩傍屋也 狼獸名 琅丨玕石似玉者又山名 榔檳丨 桹光丨木名可食也 螂蟑丨蟲名

囊袋有底也 農耕丨也 濃酒厚也露多也 膿瘡血也 醲酒厚也 䁸目不明又怒目 𦗢耳中鳴也 聾耳無聞也 襛衣厚也

朧月朦丨也

● 邊 ⿺辶旁 旁丨午也交橫也 房室密又夫丨半林之姓 螃蟲名 ⿰犭旁丨狸 滂丨沱大雨也 膀丨胱 蒡菜名

● 求 狂燥妄也人志愿大高也

● 去 桼槎識 ⿰方欠貪丨 ⿰黑亢黑也

● 地 同 仝通共也齊也又卦名 侗無知也 恫痛也 桐木可為琴子可食也 鮦魚名 塘 溏池丨碑丨 榶丨慷木名 舡赤也丹色 筩截竹

橖木名 峒山名 傏丨突不遜也 鏜鐘鼓之聲 唐朝中路又荒丨廣大又莽蕩又堯有天下之號又姓又國名 筒盛丨 銅赤金又丨錫 鄌地名

彤丨管 堂所丨 螗 螳丨蜋也 棠甘丨 ⿰羊童羊無角也 童兒丨 幢丨幡也 ⿰牛童 犆牛無角也 瞳目中丨子也

艟丨艨戰船 僮僕也 潼關名

● 頗 帆 帆 ⿰巾亢船丨 ⿱⺮凡 ⿱⺮夆竹夾葉覆舟車 韸 ⿱夆鼓鼓聲

● 他 糛 糖 餹飴丨

● 曾 崇丨墉國名又尊丨也 叢 欉聚也草木之茂生也曰丨 藏隱匿潛也 ⿰木藏水汲成物也

● 入 ⿰豸同獸名

● 時 傖盜丨

●鶯王 君也又爵也又姓也

●門亾亡 人死曰丨 忘 不記也 幪 覆車也 硭 丨硝药名 鑮 盛器滿也 艨 丨艟戟船也 矇 目不明也 朦 丨朧 濛霥 細雨曰丨

忙 荒丨迫也 盲矒 目無童子 蝱宝虻 蚊丨屬 茫浤 水廣大貌 鋩⿰金亾 刀丨利也 冡蒙 欺昧又卦名山名

●語⿰馬卬 馬驚也 昂 軒也 卬 我也 笻 丨竹

●出床牀 卧之處也 噇⿰飠從 喫貌食無廉也

●喜皇 有求不得之狀 隍 琕水地也 凰 鳥名 喤 小兒啼聲又鐘鼓聲 惶 恐懼愴丨也 遑 暇也又急 瑝 玉聲 蝗 蟲也食苗也 熿

煌 火光輝也 猩 徬丨排細也 獚⿰犭皇 犬名 ⿸疒皇癀 疸病也 黃 蟲也紅正色也又姓 潢 積水池也 宏 大也 簧 笙丨 鐄 大鐘也

弘 大也 紘 同下 紭 冠係也 泓 水深也 ⿰車弘 車中橫木可漞者 鞃 同上 閎 巷門也 防 禦備也 妨 碍害也 ⿱工虫虹 蝃蝀也丨

紅 赤色也 鴻 鳥名 洪 大也又姓 杭 州名 逢 遇也偶值也 蠭 蟲名 芃 草盛貌 莑蓬 蒿也亂草也 縫 以針成衣曰丨

弄字韻下上

●柳弄 侮玩也 浪 波丨 踉 欲行貌 烺 花色之屬 哢 鳥吟 閬 丨風下死 躴 丨躿也 䀶 丨躿也

●邊傍⿰阝旁 附近也車聲也 搒 進船筲斗 磅 石隕聲 泵 小聲

●求 硍石聲 ⿴囗石⿴囗宕碎石也

●去 砊石聲 ⿰⿱宀石亢高下不平 ⿰石冬石隊也 嚝鐘鼓聲也

●地 動搖也作不靜也 慟哀過也 ⿰口動歌聲也多言也 惕放也又疾也 ⿱⿺辶昜皿滌也丨 蕩廣遠浩大水也 撞突也 洞空幽也石岩可居

宕洞室 ⿸广童牖也

●頗 炐火聲也 ⿰面半面腫丨 ⿰月敝臌張也 肪胖振也

●他 錫水平器也

●曾 狀情理亂陳也 藏府庫貯也 臟五丨 焋治火

●入 ⿱艹⿰壴童打鼓音曰丨

●時 偬用貌

●鶯 旺明也 ⿰忄狂繒也

●門 網結繩取魚曰丨 梦夣夢眠丨又雲丨作名 妄丨誕 望瞻仰也 朢同上 懜惛丨

●語 惷戇蠢愚昏潰也 ⿰忄貢心動也 ⿰鳥卬海上大鳥 岇山名 仰脫丨不安也

● 出 追 過也 稽 禾穎 賄 積貨也 䲻 捍船大名 謥 言急也

● 喜 奉 承也侍也獻也 俸 祿丨 鳳 鳥名

喃字韻下入

● 柳 樂 喜悅也 洛 濼 水名 祿 仕者之俸也 逯 行謹也又眾也 貉 酪 蘇丨美酒 ⿰几鹿 地名 熝 烙 煉也 珞 瓔丨頌上飾珠也

簏 竹齒 絡 聯丨脈又筋氣也 落 雕謝也又住屋進次也 ⿱竹洛 籬丨也又以竹為之也 貉 獸名皮可為裘 雒 鳥名又馬黑色鬣曰丨

諾 以言許人也又承領之詞即應答也 廘 鹿 獸名有角名壽曰丨 轆 汲水木也 蔍 丨葱花也名忘憂草 麓 山建也又守山林之吏也 ⿰礻鹿 祭名 ⿰車彔

轠 車轉聲也 ⿰舟鹿 巨丨舟名也 漉 深也水下也 ⿱谷石 石相扣聲又聲和也 嘩 啅丨有才澎辨也 ⿱各毛 水漿也

縛 網束係也 薄 微也迫也 箔 簾也

● 邊 泊 立息也又舟附于岸曰丨 蔔 蘿丨菜名 亳 都名湯所居也 襆 丨頭 匐 匍丨手足並行 ⿱菐大 煩瀆也 僕 小人御車也曰丨 鏷 金丨姑矢名

● 求 哈 喃 鳥鳴也

● 去 矍 遽視 ⿰言矍 硞 石聲 ⿵几國 攫 爪持也撲取也 ⿺走矍 步大走也

● 地 獨 老而無子曰丨 鐲 鈴也軍行鳴之以為鼓節也 鐸 木丨金口木舌 ⿰口睪 洗足踏也 喥 言吡無度 剫 治木也 嬻 媟媛 躅 躑丨不龍行也

髑｜骸項也 襡韜藏 蘈菜名 覿見也 犢牛子也曰｜ 凟 瀆溝｜又江進河也 瀆冒｜ 匵 櫝小棺也 牘書版也

黷黑也又垢也 毒｜害也 纛軍中大旆｜也 韇 韣盛弓之衣

● 頗 暴 曝大烈也 瀑雨｜ 爆射中之鳥也 襮頭也

● 他 讀攻書 讟怒謗

● 曾 族宗｜ 漖水｜ 瘯疥癬也 鷟鸑｜狎鳥鳳凰之屬 䃚碌｜地不平也 濯肥｜之貌又光潔之貌 擢抽也舉用也

● 入 韥弓矢｜也以皮為之

● 時 鋉手｜ [illegible]摘｜揖米也

● 鶩 籆 [illegible]收絲之具

● 門 木五行東方神 牧養也飼牛羊曰｜ 莯草木｜名 楘車木之也又屋架也 苜 [illegible]草名 霂小雨也又沾漬也 目眼也 沐濯髮也

睦和｜ 莫禁止之詞也 瘼小病 寞寂｜也 膜肉內也 穆昭｜廟序 [illegible]同上 漠沙｜廣闊也

● 語 咢驚也又鼓聲也 [illegible] [illegible]釧刀聲凌也 愕錯｜驚急貌 讍 諤謇｜仆信也 鄂口上也 蕚花下心也 噩肅貌 [illegible]鷙鳥名鷹屬

鶚同上 鱷 鰐魚名出自南海狀如鼉 鵠鴻｜大鳥名也

●出 鑿|斷也

●喜 伏仆也 茯菜名 袱衣| 服同上又下飲也 宓姓也 復重覆也 寉 鶴鳥名長項多壽也 虙姓也 鸐鳥白|也

●柳 麢鹿五歲曰|

8乖字韻上平

●邊 ⿰矢卑⿰矢此|短小也

●求 乖戾不和也 ⿰女垂巧態女貌 ⿰虫規蝚蟆也 ⿰魚規魚名 ⿱乖土古乖字

●去 嗝口傍也 ⿰乖力有力也

●地 ⿰犭开古|

●頗 ⿰王全美玉也

●他 弴硬弓也又雕弓天子弓也

●曾 佤|邪離絕貌又不正也

●入 剸擅也百井合制領也

● 時 颼 風聲

● 鶯 歪 不正 喎 中風口丨斜

● 門 緋 絳也白赤練也

● 語 ⿸广乖 ⿰糸危 人名

● 出 媸 醜也淫也侮也痴也

● 喜 ⿰亻匪 丨優雜戲也

拐字韻上上

● 柳 ⿰月敝 撇 揭衣也

● 邊 彼 邪也

● 求 拐 騙也 枴 老人杖也 蒯 竹名又姓

● 去 瘚 瘄牛冷丨

● 地 ⿱龹乏 車上所用皮也

● 頗 ⿰𧾷分 蹶也

● 他 ⿺走乖 走也

● 曾 偬 倥丨窮困也又不暇也

● 入 餧 飢也

● 時 鎪 刻離跌物白黑耳食蛇 肩 穴也

● 鶯 孬 行不好也

● 門 ⿰亻母 慢也

● 語 佹 古丨

● 出 ⿸疒而 下部病丨

● 喜 舔 善自用之意也

怪字韻上去

● 柳 ⿰女圣 女未嫁相褟曰丨

● 邊 嶭 山形也

● 求 怪 奇異也又山水精名 恠 同上

● 去 塊 大｜天地 快 爽喜｜樂也 駃 病疾也 噲 咽也

● 地 剬 斷也

● 頗 硜 抓 籐屬蜀人積以為事

● 他 鄱 貝丘亭名

● 曾 傯 困貌也｜

● 入 慙 人名

● 時 朸 苗米也

● 鶯 鱠 喘息也 ⿰黑會 淺黑也

● 門 隉 阢隉危也不安也

● 語 蚗 蛥蚗｜屬蟲也

● 出 攟 擲也

● 喜 餼 㵐 小聲 櫜 木名皮可牽船

空字韻上入

● 柳 葎 蔓草似葛有刺也

● 邊 襏 衣襫相套曰｜

● 求 禞 不祥也

● 去 趹 足疊坐曰｜

● 地 趹 足疊生曰｜

● 頗 粇 栟櫚稷也

● 他 鼜 鼓聲

● 曾 钃 刺｜鉏也又｜鏤劍名也

● 入 鼊 舷也

●時 穖禾米名也

●鶯 揠手丨搖也

●門 殲棧丨物也

●語 玗文玉丨也

●出 戳山崎嶇也

●喜 吷小聲也謂之丨又飲謂之

懷走音字韻下平

●柳 寱夫也又寢睡也

●邊 譒敷告也

●求 趹足痛也一曰馬行貌一曰步疾也

●去 咼口戾不開也

●地 碢磓䃗聚石也又以石投水也

●頗 鮃魚名

●他 絣絲机下足踏之物也

●曾 鉼土精金也

●入 徹徐緩行貌

●時 隳廢也 鐆金銀之聲

●鶯 眂下留地名在絳州也

●門 錍丨謂之銘曰斧屬也

●語 珦金工

●出 喎口戾不正也

●喜 懷思念也抱也 淮水名 槐木名

壞字韻下上

●柳 蓐陳草從生也又薦也

● 邊 紱 丨結短人也

● 求 僗 衞 赤水也

● 去 忕 丨也

● 地 颬 颬丨風聲也

● 頗 ⿰禾旨 紅花未名也

● 他 蕹 草盛也

● 曾 囋 丨菽飯水 䫉 痴不聽明也

● 入 恚 怒恨也

● 時 轊 車之軸頭也

● 鶩 黵 淺黑色也

● 門 ⿰歹褱 腐爛也

● 語 盻 目明遠視也又目黑白分也

● 出 憒憒 愛也順之

● 喜 壞 毀也廢也 櫰 同上

9 京字韻上平

● 柳 甯 安也 嬭 胸前二乳也 乳 [illegible] 嬭汁 湩 乳汁

● 邊 氷 水凝也 兵 卒戍器也 崩 壞毀也

● 求 京 天子之城也 更 改變也日月蝕復員也 耕 治力也 肱 手臂節也 硜 小石堅確之聲也 矜 驕慢也 賡 敬丨 荊 荆 棘也

鶄 鳥名 羹 肉汁和菜 驚 恐懼也 經 史文也又絲縷曰 庚 天干名又送聘曰丨儀 涇 水名 兢 丨戒懼也

● 去 坑 山間水道 傾 倒也 卿 公侯之爵 輕 不重也 阬 同坑字 筐 績丨 銎 刀斧析孔也 顉 丨艮

● 地 丁 天干名男子丨六歲名丨 仃 伶丨孤苦也 叮 丨咬 燈 灯 籠灶之具 庁 小瘖也 酊 酩丨醉也 釘 鐵丨 登 升竹也具

登 禮具也 簦 疗 生丨 徵 證也

● 頗 烹 煮也 彭 丨眾盛 雱 丨雪盛貌 砰 石聲 亭 古字

● 他 汀 水澄又府名 廳 堂也 聽 官腔 撐 撥船

● 曾 曾及也又姓 爭下奪 崢丨嶸人才出聲 增加也添 禎丨祥 旌丨表也 精物之丨又美曰妖丨 罾魚網 憎惡也 貞正而固也

偵探視 楨丨乾木也 征行丨 繒帛也 怔恐懼也 鉦行軍具也 矰繳擊于矢射飛鳥 舂杵米去糠

● 入 酖酒也

● 時 生產也活也 渻水名 星天上之丨 笙樂器也 甥姊妹之子曰丨妻父謂婿曰丨 昇日上 鉎未成鐵也 猩獸名似猴又好酒血可絳

聲氣所出又聲音 腥魚肉朱煮 升丨斗 陞官之高丨也

● 鶯 英俊丨 嬰小孩之稱 櫻桃名 癭瘤也 甇 罌酒器 癰疔瘡也 纓冠系也 膺胸也 鸎鳥名 薨君死曰丨 訇大聲

瀴生木 瓔玉名 攖人名 鸚丨鵡 蠳蟲名 甖丨缸 轟車聲 鷹鳥名 瑛美玉 媖賢女 孆孩兒 渹水拍激之聲又大也

鸚鳥名 蘡草名 嚶鳥聲之和也

● 門 䊵清米曰丨

● 語 眪丨竭白貌也

● 出 青丨色 清潔白也 菁蔓丨草也 穪 稱褒丨 鯖魚名 圊廁也 称俗丨 鶄鳥名

● 喜 兄男子先生曰丨 亨通也 馨香遠味也 胷心前也有心丨 興起也

景字韻上上

●柳 冷寒也 領承上令下也又丨惰也 嶺山路高峻也 瞌丨町

●邊 丙光明 苪 炳光明著也 昞憂盛滿也 邴宋下邑名 秉執也丨斜曰丨 迸速走也 跰並足立貌也 軿輕車丨 駢丙馬並駕也又邑名

餅 餅溲麵合并食也

●求 烱 景光明也 泂 迥遠也 坰林外 詗伺候也 絅 䌹 褧單衣也 耿介也小明也 熲小明大光也 璟玉也

憬覺悟也 哽丨咽悲哀 駉馬駿肥貌 竟終窮 撽 檠正弓絃之器也 境界地万也 鯁 骾骨挂喉中 儆 警告戒醒也

擏 擎招也又持也 剠 鯨黑刑在面 龔人姓

●去 肯 肯可也又骨間肉也 肎 肎骨口也又骨肉相著 頃俄丨暫時也曰百畝為丨 檾 蘔丨萬

●地 等待也第也丨 嵿山巔尖 鼑 鼎金三足兩耳可和五味也 鐤量所以稽金銀者 頂下頭 䒭丨級 戥馱也

●頗 崩俗丨 鄜同名縣名 䴵淺薄也 蠯蚌屬

●他 挺持拔也 侹敬也 脡丨然動貌 侱音不盡也 艇小船也 躿身直長也 郢邑名又姓 鞓 鞓皮帶也 逞通快也矜而身持也 逞放也

●曾 井掘地可汲水也又田几百畝為一丨 整敕丨 種五穀子也丨 腫瘡水眼也丨 熥大燒起也

● 入 䗢蟲名

● 時 痟痕也 悄 醒夢覺又醉而丨也 省審察也又脩戒也又問也

● 鶯 永長遠也 影形本 頴 潁木本也又錐鍱又地名 頳木名 頮州名

● 門 皿食器盤盂之屬 猛威勇也 蜢蚱丨蝗類 艋舴丨小舟 茗烹酊丨

● 語 鉃短少也 研物丨

● 出 請相丨又丨教

● 喜 悻怨怒又恨丨

敬字韻上下

● 柳 倰丨僜行貌 殑丨燈困病也 踜走也行貌 䮚丨蹬馬病也

● 邊 并 幷並也合兼也 併競也相也 恲丨懞

● 求 敬慕丨也又丨謹 ⿰巠阝 陘地名 徑路小而捷也 逕至近逼又丨庭不和及也 鏡鑑照也 供齋丨 涇丨渭

● 去 磬樂器 罄 罊空也盡也 慶丨賀

格字韻上入

● 地訂平議定明定安靜也又星名靛以藍染色也綻綻解縫破也凳椅也磴上阪登涉之道鐙馬踏蹬䠬足丨

● 頗娉娶媍聘同上騁馬直馳也瓶罌屬也

● 他聽聽聆也又入耳也听同上省文

● 曾正不邪也政以法正民也又賦也種栽丨諍丨諫

● 入毴鳥細毛也訒厚也就也重也

● 時性人生所具之理姓人氏聖睿也通也又神灵也檉丨河柳似楊赤色㽘古字兖古勝字

● 鶯應答物感丨又正門小鼓丨噟以言答也䳸罌名也譍以言應答也壅糞田也

● 門粺漬米也

● 語齦齒徑肉也

● 出秤衡也稱物之輕重也穪稱同上又相丨儭襄丨櫬梧也又親身棺襯進身衣也銃大炮兵具擤鼻中捻髒具

● 喜懙嬹悅丨啈利割也䛭嗔洛真也

● 柳 杮箥置著子指門也 栗木名 溧寒也 慄戰｜恐懼 㓯削也 礫石｜ 篥胡人驚馬者其吹以聲悲｜ 㮚飢意也憂思也 樔招｜也

𧩯言不子也 溧水名又縣名 搮縮也 瑮玉之羅列貌 穈積｜ 蹳踐踏 轢車行聲也 爏火｜

● 邊 百數名 伯百人為｜又父之兄曰｜ 柏松｜木名也 迫近附挾｜也 偪同上 愊悃｜至誠 湢治室田 煏火炙物也 逼驅迫也

● 求 格至止窮究 骼骨｜ 亟急來 殛誅也 革｜逐皮也 𤈦火燒也 䩐翅｜ 鬲四節鼎也 隔塞障也 滆水名 膈胸｜

䈕竹障 翮羽｜翼也 棘荊｜ 僰縣名 襋表領也 戟兵器 撠持｜之人 𩌞轡首也 激蕩也 檄 擊拒打也 𤇨沈溺不起

● 去 客賓｜ 克勝也又能也 剋 尅剝也相｜也 勀自能｜ 郤地原寶名｜ 𣸣水貌 郄退也不受也 𢕟勞也疲也 虢國名

桌古克 𡄇人名 鵙恐懼也 虢同上人名 亯古克字

● 地 竹空中有節 得｜意也 淂水貌 德｜行也恩｜也 𠊊惡也無憚也 墒階｜ 嫡敵也又正室也 摘動手也 滴 適責罪

的明確也鵠也 菂蓮子中心 悳古得 㝵古之得字

● 頗 珀琥｜ 拍搏拊也 碧石之美也 霹｜靂雷聲也 魄魂｜人之精神 辟君也又上公之諸侯也 擗小踊問也 僻｜陋 劈剖破也

璧圭子男所執也 壁宿名又牆｜也 擘大指 癖痞也服積聚病也 躃 躄兩足俱廢 薜刈草也 甓大砖也

● 他 斥責也 𠋷貪也 忒差也 忑下心也 剔鮮骨｜ 掦抗｜ 惖 惕憂懼也又敬愛也 裼露骨｜ 𩩲骨間黃汁 鬄鬢髮也

遻趯跳躍也悪隱惡也叱發怒聲也

●曾積聚也累也膭簀單也襀襞｜即今之襞聶迹跡蹟足不循｜也績紡｜也則法制也又準｜也稷舜臣名教民稼穡

稷耕｜隻單｜昃日仄也日側也踖恭敬也不能貌仄平｜重濁即｜就也喞唧蟲鳴蝍蜈蚣也鯽魚名霵雨貌

責勣功勞也幘巾也喪服嫧鮮好也鶺鳥聲也又叮聲也窄狹也迫地咋啼也咬嘖也又呼聲也

●入趚赴走也

●時色顏｜昔前日也又夜也嗇惜愛慳焟就｜腊乾肉析破也分也淅次來清米水也啺嘶鳥聲晢明也曾子父名

蜥蟲名索繩水⿵風逝風聲穡歛穀儉吝也懎悲恨也濇不滑也倏悠｜然走病也儵同上又青色也悉詳盡｜下

瑟琹｜樂器蟋蟀｜蟀蟲名錫賜也又青內金釋｜解放也又僧家曰｜塞填壅也邲瑟玉解潔也飭條飭致堅也

飾領緣也⿰口適囑｜⿱寒心｜安緆細布也舄履｜

●鶯抑按過也益增也又卦名隘哽咽｜繶條繩億十萬曰｜憶記｜也肊臆胸｜搤持握也

●門蛨蟲類

●語隟裂也郄唦｜

● 出 粟 米也 蚇 蠖| 赤 南方土色 趚 走急也 蝷 螫 毒蟲也 策 鞭|也又計|又竹簡也 册 冊 書| 栅 困木也 測 不隱也又忍心也

莿 |子菜名也 戚 親| 慄 慽 同下 慼 憂痛也 側 傾不正也

● 喜 ⿰女血 淨| 洫 田間水道也 焃 赫 發盛也㬎明也 哧 以口拒也 爀 大道 赦 嘆聲 黑 北方水色 ⿰或鳥 ⿰或羽 飛疾 ⿵門血 靜| 郝 姓也

鯨字韻下平

● 柳 能 有才能也 寧 寍 安也 嚀 叮| 囹 |圄獄名 聆 聽| 翎 鳥名 龍 鱗蟲之長 蔆 菠|菜名 夌 |角水药 靈 |聖也又姓

灵 小熱 倰 憐也 齡 年|也 澪 水名 伶 |仃孤也 玲 |瓏玉聲也 苓 卷耳草名又菜名 鴒 鳥名 鈴 倰| 零 落也

凌 氷也又室也 蛉 螟|桑又養子上青蟲曰螟| 羚 羊名 陵 帝王之坟曰山| 棱 稜 盛也抓也 綾 鯪 鯉|魚名又穴居四足食蝦又名穿山甲

● 邊 平 平正太和 坪 地名 朋 同類也|友也 棚 閣|也 枰 戰|全|

● 求 窮 困苦也 貧 無財也

● 去 睘 目驚貌無所依 惸 無兄弟也 焭 同上 瓊 赤玉曰| 鯨 魚名 ⿺走回 急起也 夐 遠|

● 地 廷 朝| 庭 門| 霆 雷| 渟 水行曰| 呈 示也下奉上也 酲 酒味|也 裎 佩帶裸|也又露身 亭 屋有瓦無墻也 澄 水靜不流也又清|

瞪 目直視也 滕 國名也 螣 蛇似龍能興雲霧 縢 繩約也 藤 藤 蔓生延草木曰| 籐 籐 蔓生似竹又竹之器 程 姓名 懲 創戒也

重 倍丨

● 頗 評 丨論也 苹 萍 山蒿也初生可食又水上之浮丨 彭 姓也 膨 丨脹 蟚 蟲名似蟹而小

鵬 鳥名 䑫 船名

● 他 停 立止也 䲢 騰 龍丨而上 謄 彩言

● 曾 情 性也丨 晴 天丨

● 入 陾 築聲 迈 往也 訒 避重就輕 仍 因丨 礽 福丨

● 時 成 丨就 城 垣丨 誠 丨實純一無偽 郕 國名 丞 丨相又輔弼疑丨謂之四輔比我而相之謂之輔拂我而相之谓之弼疑 承 佐也又姓也後漢有丨宮也

● 鶯 榮 丨華也 营 造也又姓 荧 灼也 濚 水面旋也 縈 繞也 螢 蟲名 蠑 丨原析蜴也 盈 滿丨 楹 棟櫟 贏 賈獲利也

嬴 省天氏姓又秦之姓 籯 箱籠也 嶸 山峻也 瀠 水濃也 濚 水色起 滎 水名

● 門 名 表號稱呼也 茗 茶也 酩 丨酊醉也 銘 刻記也 明 視僅作丨者 冥 昏昧曰丨 萌 草木旁生曰孳直出曰丨 盟 插血結信也 溟 北海面水黑也

塓 暝 夕夜晦也 瞑 目不明也 蓂 祥瑞草也 鳴 叫丨 螟 余蟲也 明 丨光通曉也

● 語 迎 接也 嶷 有知識也 凝 聚也丨

● 出 松丨柏木名 ⿰祟刂鐘屬 榕木名身上多根 根木名兩旁門也

● 喜 行五丨山名 珩佩首横玉 衡權丨 邢郉國名又姓 刑刑丨罰也 形丨狀也 型典丨 鉶美器 横不直理也

恆 恒常也 ⿰尢隹雞卵又丨 姮丨娥也 溯古丨 蘅香草也 硎砥石 黌學舍

脛字韻下上

● 柳 令 伶善也告戒也上使下曰丨 另開割也又零也 佞 詅巧招捷急也丨 鴒鶺丨鳥名 濘泥淖 柃木名

● 邊 並 竝比併皆也 病愁苦也憂也 并同並

● 求 勁剛堅也 莖枝也又單枝也 脛 踁 頸長項也 莄草名 綆汲水索也 哽語舌所疑 梗木直也又槩捍災殃也 硬性之堅強也

骾 鯁骨不下咽

● 去 桐 桓木名 虹 霓螮蝀也陰陽口與雨交成質也

● 地 定安靜止決 鄧國名 蹬困極 錠金銀鏍曰丨 鄭國名又名姓也 掟擲出

● 頗 掽搕撞也

● 他 禎丨祥

● 曾 靜 寂息無為 贈 增益送遺 穽 阱 陷｜坑坎也 莍 古｜也 靚 ｜明妝飾 净 淨 潔｜去污 睜 怒目視也 諍 諫｜禁止又｜訟也
靖 ｜安諡理也
● 入 毯 人名
● 時 盛 茂也又姓 剩 零頭 賸 餘也 墭 盛物之器也 晟 明熾 乘 街車也 褏 古桑單也 [illegible] 同上
● 鶯 泳 水潛行也 咏 詠 長吟謌也 禜 禳風雨祭名 瀅 水澄｜也
● 門 命 告使也 孟 姓也 甯 願也又姓
● 語 迎 未來而往逢曰｜
● 出 穿 着衣也 [illegible] 養蟲之具也
● 喜 行 人之｜事曰｜ 荇 草名 幸 寵愛也不當得而得者曰徼｜ 倖 同上 杏 花名 [illegible] 天死不｜
極字韻下入
● 柳 力 氣｜也 仂 數之餘也 肋 脅也 勒 抑｜也 匿 ｜器糞器 嫟 嬺 嬌也 厤 治理經涉 曆 歲時節扢之度也 嚦 ｜聲
歷 ｜通傳次也 藶 菜名 瀝 水將盡而滴餘聲也 嫋 ｜長弱之貌 搦 按也 癧 瘰｜ 鱱 魚名 岃 山勢相連貌 鰳 魚名 靂 霹｜雷聲

靂 淋雨不止 瀝 同歷 ⿰足歷躒 動足經履 惄 飢貌 溺 沈丨 擽 摘館打也 櫟 木名

● 邊 白 西方之色又姓 帛 布丨 幕 沐名 舶 海丨大船

● 求 極 窮中至丨又南丨北丨二星名 局 丨促 竭 丨力也

● 去 噭 大哭不止

● 地 擇 揀選 澤 恩丨德丨 擲 披拋也 狄 北丨匈奴也 荻 蘆丨 逖 遠也 迪 蹈直順進 特 獨力之貌 翟 山雞也又姓 藋 丨長而殺

趯 躍貌 躑 任是也 糴 買五穀曰丨 敵 對丨 藡 竹名 蹢 跳丨 笛 簫屬竹為之丨 軸 机丨

● 頗 甓 瓦器 鼊 龜屬

● 他 宅 厝丨 穸 墓穴也

● 曾 宋 寂 安靜無人聲也 ⿰口叔 同上 ⿵門叔 寂靜也 鰂 魚名 耤 丨天子躬耕以供祭祀之器也 籍 民丨 賊 偷盜之人也 蠈 食苗之蟲也

● 入 廓 人名

● 時 石 山骨又石草 碩 丨大充寔也 夕 暮也 席 莞蒲所為夜所寢也 射 以生索繫矢而弋也 熟⿰享炎 煮也 汐 海潮暮至曰丨又退朝曰丨

● 鶯 繣 緯丨 黓 黑也 亦 旁反之辭 奕 大盛又葉累進 弈 圍棋也 蜴 蟲名 易 交丨又周變丨丨 埸 迷境田岸丨 ⿰扌弋 拭丨 杙 橜也

翊翼 羽| 選 疾超也 瘍 病| 耆 同下 剳騞 破聲 濤 波相擊聲也 悑 心驚也 帟 幕| 液 津之妙也 掖 左右臂下

腋 同上 役 使也 | 役 殳| 弋 射鳥也 睪 何也視 檡 木名 懌 悅| 斁 敗壞 襗 祭名 燡 火甚貌 譯 傳夷夏之言也

驛 遞馬傳舍曰| 醳 醇酒 繹 尋也 | 翌 白日明日也 畫 卦| 劃 以刀物也 | 疫 瘟|

• 門 覔覓 尋求 纆 索也三股曰纆兩股曰| 貊陌 田間水道又街市中|也 狢貊 北方夷狄 汨 水名屈原所沉之處 冪 幔覆 貉 獸名

脈脉 血| 霢霡 |霂霂| 墨 文房四寶之| 嘿默 靜幽不語不白也 帞袹 頭巾也又補也 麥 五穀 幭 覆軾之虎皮也

• 語 逆 迎也卻不順也 嗼 嘔| 額頟 顙也 鷁 水鳥

• 出 糴 耕| 趯 行聲又曰不行 撼 拂箸又落也

• 喜 或惑 疑|未定之辭也 域 界限也 淢 城溝也又地名 烕 鬼火也又熒|星名 棫 木名叢生又木有刺 䓣 叢| 緎 以皮為裘也裘之縫界也 閾 門限

魊[illegible]蜮 短狐似魚三足又含沙水中射人影其人則病 獲 得利也 劾 按|泊|罪人 核 攷之得實又菓子| [illegible][illegible]齕 齧也 馘 軍中之法律斷首曰|

檄 徵兵之書曉論百姓之文 罭 罟也 聝 斷耳也 齕 人名

10 官字韻上平

• 柳 [illegible] 微重貌 [illegible] 語|蟲名 撋[illegible] 挼扯

●邊 撇舩般運移 瘢瘡痕 鞶大帶丨 黰黑痣

●求 官長尊稱也 倌主駕之人 棺柩也 菅草名 觀丨視省察也 關交界出入之門曰丨 捐丨軀也 涓潔名擇也 瘝病也丨

悁丨丨倦念 娟美貌 痟骨節酸痛 鵑鳥名 鰥老而無子曰丨 冠冕弁總名 蠲蠲明潔也 瘝仝病丨 噒鳥和鳴也

芋草名也 棬栝丨屈木也

●去 寬宏大也 髖大骨

●地 端正始又丨倪也

●頗 潘姓也 藩屏也 拼拌去也 甂瓦砾

●他 猯貒煓晉豕也

●曾 專誠也專獨也 磚 甎瓦屬 槫木名 鱄魚名 蓴菜名

●入 堧壖宮外垣也又短壖也

●時 宣布明也又姓也 晅盛大也 喧同上 萱草一名忘憂一名金針菜又母曰丨堂 暄煊光明炙于日也 塇大壁也 悛改也

酸酢也又寒丨貧賤之相 諠譁也 酸齒酸也 蕵菜名 亶古文字丨

● 鶯 冤 狂也怒屈也不得伸也 鴛 匹鳥名也 彎 曲也引弓架木也 灣 水曲又池名 ⿰木彎 木曲也 剜 刻削也

● 門 漫 水廣也 ⿰土滿 土覆也 鬗 髮長也 瞞 目不明也

● 語 刓 刺挖

● 出 川 山水也 穿 |鑿也 湍 波流縈細貌 遄 來往 顓 |臾國名

● 喜 歡 喜悅也 嚾 讙囂也 爟 舉火也 驩 同歡又人名

番 僠 次也聚也 播 |間也之塚 幡 ⿰犭番 所熾拭布 潘 淅水汁也

⿰米番 同上 燔 火燒物也 璠 美玉也 蕃 |息茂盛 膰 祭肉 磻 |溪太公釣魚之處 轓 曲屈車覆也 藩 垣屏 懽 悅| 翻 飛也

旛 旗|也 讙 馬名 飜 人名

管字韻上上

● 柳 燰 煗 ⿰日耎 暖 溫|火氣日氣溫和 餪 女嫁三日探房曰| 卵 物生乳謂之|生即蛋 臠 切物也 輐 圓刓去生角 軟 柔也

● 邊 坂 阪 大澤障山脅也 䬳 料 粄 屑米鉼粿 舨 艟|舟也

● 求 管 樂器也 逭 逃逸轉也 痯 病罷也 綰 係貫也 館 舘 客舍之處 琯 玉名 輨 車轂鐵也 錧 田器 卷 收|也又為名

捲 用力之功力又|起 盥 洗手也

● 去 款欵 誠敬恩愛 窾 空| ⿱艹款 |冬花也

● 地 短 |不長也

● 頗 坢 平坦也 ⿺走半 走貌

● 他 ⿰豕彖 野豕也 踹 足脹

● 曾 轉 疑|動也 囀 鶯聲

● 入 輭 矛也 餪 |敬 ⿰飠需 嫩 弱也

● 時 選 撰| 潠 噴水 摻 區| 槮 |同上刑具

● 鶯 遠 遐陬也又遼| 苑 文貌 鵷 刻削肉也 腕 手名 琬 玉| 婉 |轉美具 蜿 同上 碗 同下 盌 小盂飯硿也 阮 國名又姓

● 門 娩 娋偓有容貌 晚 早| 滿 充足 輓 引車也 挽 勉 勸回也 懣 煩也 ⿰免且 晚之本字

● 語 玩 貦 戲弄好寶器也 妧 好也 ⿰目元 視也 翫 |習狎狃也

● 出 舛 僢 背|錯亂也 喘 歂 病息又息氣 畽 疃 禽獸所踐之處也 耑 此也

● 喜 反 |叛不順 返 復也

卷字韻上去

●柳 麢鹿麝也

●邊 半中分之也 絆馬繫繫足曰|

●求 卷書籍百| 券契|也 眷通家也又姓 絭盛皃佩帶紳也| 貫穿也 慣習行 鏆臂鏈也 灌水也池又|地以降神也 瓘玉名

觀卦名 鑵 鑵汲水之器 鸛鳥名似鶴好水食魚 丱束髮如兩角也 祼祭以鬱豐灌地也 裸同上 睊側目相視也 礶茶|也 睠四顧也

●去 勸|誠也 勸同上

●地 斷決|主裁也 断同上

●頗 判剖分|也 伴侶也陪也 泮水名又溶也| 泮冰釋也 袢衣無色也又束縛也 絆馬繫曰|

●他 彖卦斷也統論八卦之体 篆|書也 碫砎石也 煆燃火推金|鍊 鍛磨鍊冶金

●曾 鑽 鑽穿錐 囋咬|

●入 鋏 鐧柔銀也 雛 鶵鳥名

●時 筭 算數計籌画也 蒜葷菜名 祘明視也 畐博|

● 鴛怨恨也 命古丨

● 門貜丨似貍者能捕獸也

● 語儱戲也

● 出篡攥逆取逆奪曰丨 纂總集也 串穿也 鉡長方也 玔釧玉環金環也 竄同下 竄逃匿也 鑹短弔 爨爨吹燃火也

● 喜汜泛汎浮也水溢也隨風波縱漂也 喚呼丨 換變丨 煥光明也 奐大也又明之文采爍貌 瑍玉有文采 販小丨曰商

渢丨中庸之聲 幻弄也變也 渙眷水盛貌

決字韻上入

● 柳劣劣弱小尊長自稱 哷雞鳴 捋掇取 埒庳垣也又山有水曰丨 畤耕田 鋝鋝量名二兩曰丨

● 邊玐口間也 鉢盂食器释家所传之衣丨 發妄語 撥借也

● 求决決判破之使流也 夬抉[弓夬]以象皮為之帶右手大指以鉤弦發去也 刔剔也 陕陵負空也 玦環之不同者 映日食 訣別辭紀死

趃趏走馬疾行 駃丨騠良馬名 鴂鳥名 刮肘摩也 括丨箭受弦處也 适疾也 萿瑞草 菩丨蕘药名 荴决明名菜也

● 去缺虛久也破器也 厥其語詞也 撅賊勇強曰福丨也 瘚病也 蹶蹷跳走也速跋也 礈發石也 闕宮門收丨又丨党空子所居 濶廣大也

闊同上 橛 橜伐木也 ⿸厂男強力 蕨草名

● 地 剟擊刈也 涰 啜言多不上也 掇採拾也 惙憂也 逫走也 畷井田兩階間之道路也 叕 綴止也联也 踙

⿺走叕小跳也 錣袂未鋒也 裰補被

茇菜名 鮁魚名 蕟 ⿱艹癹除草也 襏丨袂之衣

● 頗 ⿰發刂 鏺鐮刀刈草器具 潑澆丨水也又散去惡婦也 ⿰口發心起也 蹳足跋也 醱酒氣渡也 鱍魚掉尾也 ⿱癶色色不深也 跋足也

● 他 脫解免也 挩解丨 侻輕貌

● 曾 拙不巧無能也 茁肥貌又草生出地也 棁梁上短柱也 蕝新給 餟祭酒 罬捕鳥之具也

● 入 膞人名

● 時 說詞達也論丨也 雪雨凝積陰則為之丨 ⿰雪刂割削 䨮古之雪字

● 鶯 穿丨為穴又丨孔丨竇盜也 斡丨旋運轉 軋車輾也 乢山田 捾取援也

● 門 抹塗摩也 帓帶也 秣以粟飼馬 ⿰土末塵壤也 粖糜粥也丨 ⿰食末飼馬名也 ⿰馬末馬走 ⿰羊末丨羯胡羊也丨

● 語 仴地名 枂樹皮也

● 出 叒 取之易也 啜 飲茹也 醊 餟 將酒日連祭 欼歠 切齒也 歠 大飲也 撮 少也細布冠也 蕞 小也 繓 條也 襊 緇|

● 喜 法 刑法制度也 發 兵起舉揚敵達放矢也又二十矢為| 髮 頭| 灋 古法

權字韻下平

● 柳 ⿱䜌力 九|有餘也 攣 拘|罪人也 鑾 鈴也天子殿曰金| 鸞 神鳥鳳凰之屬青身赤尾 欒 木名又蘭也 戀 眷|不舍也 巒 小山銳貌

孌 美好也 矕 目昏也

● 邊 弁 冠也寬大也飛貌附翼也 般 樂也 槃 |桓自得也 盤 大石也又盛離物之具也 鞶 大帶又纓在馬胸前 瘢 瘡愈有痕 磐 |石 弃 使|

婜 |往來貌奢又小妻

● 求 權 秤錘也又|柄也 婘 美貌 高 頂上也白音

● 去 卷 師區大也黃帝之樂 ⿸疒卷 羊曲病貌 圈 曲木所為巵匜之屬 拳 屈手勤動|奉戀鍊也 鬈 鬢鬢好貌| 惓 |謹

● 地 團 蒲|佛所用物也又|門員也

● 頗 弁 冠也

● 他 傳 教受也

● 曾 全 備也 泉 係原州也

● 入 瓀 燰 人名

● 時 旋 轉盤周| 璇 美玉又祭天地之器 漩 水面泉 漩 同上

● 驚 員 圓 方之對也又全而不少也 表 袁 衣長又姓 猿 似猴長臂 莞 |姜 園 田| 紈 索也 烷 |蔏 园 |花 轅 車前橫木上勾橫曰|

丸 |子也 完 善全保守

● 門 瞞 不明也 樠 忘也 蹣 踰也

● 語 元 首也 原 最初也 原 源 泉水也 頑 固執 嫄 傳說是周朝祖先後稷的母親 螈 蠑螈也 刓 削也 黿 似鱉而大 騵 赤馬白腹 邧 邑名

● 出 筌 取魚竹器也 詮 評論事理也 銓 謂銓量輕重也

● 喜 垣 城也 桓 威武貌 煩 心煩氣躁 ⿰王還 璧員成熊貌也 寰 天子畿內域名也又州名也 還 返回 樊 籬笆 繁 多雜也 蘩 蓬蒿也

蠜 同樊 ⿰馬樊 馬躊躇不行也 礬 |石 还 同還 儇 利也 墦 冢也 膰 祭餘之肉 擐 貫也| 鐶 耳|

倦字韻下上

● 柳 亂 乱 紊也世|不治也 薍 草|

● 邊 叛 背反也 畔 背|

● 求倦 惓疲困也 縣府|

● 去䉂 曲行

● 地段 片|官音 緞 系綢之總名 斷 截也 傳 古文

● 頗伴 依侶也 泮 田界也 怑 |快不順也

● 他鄟 地名

● 曾荃 筌 取魚器也 饌 饌 飲食也 繏 蜀飾| 撰 |文 譔 具告持則 詮 論也評事料理

● 入餪 躬|

● 時羡 貪慕也 選 援也 樣 菓名

● 鶯爰 引援手是也 援 扳引也 緩 徐行也 媛 美人也 湲 水流也 瑗 美玉 褑 佩|也 澣 洗濯去污垢也 爰 於也

● 門貗 貙獸名似貍能|捕鼠 購 貨也

● 語愿 忠善謹厚 願 心|欲行此事而事行曰|

● 出闞 石抑|穀名也

● 喜 犯 潛|帶罪 范 草名又姓 檈 口也 飯 炊穀而食曰| 宦 閹官曰| 幻 虛|詭誕以惑人又妖術也 患 憂也 梵 西方浮圖總號 笵

範 法式又姓 靶 軏 蓋車頭車式前曰| 葯 草名也 几 凡 皆也庸常也大槩也

辣 走音 字韻下入

● 柳 辣 味| 捋 平等平坦也又上有水也 ⿰寽頁 面醜也 ⿰黑寽 黑也

● 邊 拔 扳 連根拽出 祓 西夷之衣曰| 叐 除也 菝 茇 草舍又止息也 軷 祭行道之神也 跋 䟦 足休也又草行曰|躐也

鈸 銅|僧家所用之器 ⿰足市 迊 ⿰身犮 急行也 妭 越 魃 旱神也

● 求 椕 水激石聲也 ⿰氵枯 水流貌

● 去 ⿰舟厥 |頭船也

● 地 奪 爭取強也

● 頗 鋸 金類也

● 他 隊 道途垣也

● 曾 絕 斷|也

●入 迣行貌 焫礼部特牲既罪然往丨 緛衣三也二也

●時 礶石破也 趃走也 齓截聲 趧旋倒貌

●鶯 曰語詞 𨒫越走遠墜也 鉞鉞斧也 戉大斧 粵丨察審察之語 閲歷觀也 悅喜意也

●門 末本丨也 沬泡丨

●語 月三十日為一丨 刖斷足也 軏軏小車轅端橫木鉤橫以駕馬也 抈折也 鈅兵器 岄山名

●出 蹳 醛鹹葅也

●喜 伐征丨也 乏純盡無也 栰筏編竹渡水 閥門左曰丨 罰則丨 活生也又水貌丨 䑢船行

卷二終

增補彙音卷三　姑嬌稽宮高

11 姑字韻上平

●柳瘊口病也氌氆丨西番狨毛織也

●邊埔壙野未墾田丨晡日間丨丨下丨也⿰甫攵屋將壞也捕丨刑即姜也⿱竹甫籠丨

●求沽買也又丨酒也姑父之姊妹曰丨枯槁朽木也酤酒也又仝沽丨鮕丨鯝魚名鴣鷓丨鳥名

辜罪丨孤幼而無父曰丨柧觚舡後也酒器之有稜者菰香丨罛罛魚罟媾連婚

構牽也加屋興造也又給結也骷腰骨膝骨也勾人名鉤鈎曲也兵器引來曰丨遘遇丨

購買也溝田間水道

●去笟箍以篾束物芤決竹菜名粐油丨笟以篾束物也㯺柴也

●地都邑有先君之廟曰丨闍闉丨城門臺也闍香也

●頗鋪布陳張也麱麬麥皮屑也菩丨薩也麩稃麥皮也糐大豆

●他偷盜也竊也喻日陰也

● 曾 鄹邑名 諏咨謀也 鄒姓也 芻草也 租田稅也 緅絳色 騶|虞仁獸名 陬|隅 菆草生名 趄趑|

● 入 ⿰豸蜀獸名也

● 時 䟽俗| 疏分遠不親 踈空虛薄也 梳理髮也 蔬菜之總名 酥酪屬药名 蘇|木又姓 搜求索 庾 廋匿藏也 梭仝搜

蒐春獵曰|又草名

● 鶯 烏鳥名又金|日中三足鳥也 嗚|呼嘆詞也 歐姓| 甌|盂也 鷗水鳥 謳吟歌也

● 門 ⿰米蜀|粉

● 語 唔目畧見 啗雉鳴之聲也

● 出 粗疏畧也不細也又物有美惡精|也 麤仝上 ⿸尸粗糞也 濁仝上又污也 麄仝粗

● 喜 呼|喚又人死曰嗚| 戲嘆辟也 滹水名 莩姓也 戲臭也伐也

古字韻上上

● 柳 魯鈍也又國名 櫓動力也 ⿰木虜 櫓進船具也 虜 擄拿獲也又北狄 ⿰忄虜|芥心惑 ⿸疒魯痘疹 ⿰言魯語也 艣仝栳

● 邊 補填|也 ⿰糸甫補綴 縜仝補 脯食物

●求古遠代也牯𦍩牡羊也估論價也傳｜也嘏福穴也胋股髀幹也盬盬鹹不堅固也狗猗犬也｜坸

垢塵盛渣滓也苟目｜率署枸杞｜心可食耇老人面生黎點曰｜瞽無目也罟網也笱竹器以取魚者雊雄雉鳴求偶也

姤遇也又卦名詬言無志分也蠱腹中｜又卦名冓宮中深密之處也賈居貨之商詁訓也皷鼓樂器以皮為之

●去口言語所出之處苦不甘也筶竹名許姓也楛濫惡蓾半｜

●地斗㪷十升曰｜又宿名枓柱上方｜蚪蝌｜蝦蟆子也堵垣也五版為｜睹覩目觀也賭博｜也𢮎毆｜

●頗普遍日光遠近皆仝也譜世系籍錄溥廣大也圃菜園鏄田器鋤草也剖判破也浦水濱也

●他土地也五行之中也黈黃｜色中

●曾走奔｜𨑹徂往也阻止也沮水名下濕之地俎祭器也祖先也｜殂殂死往組印綬也咀含味也

葅菜名生在田中也齟齒不相值曰｜齬𡗗古走字詛咒｜珇瑞玉𤰔田｜

●入瞈田名呥自安貌口噍貌

●時傁傻｜叟長老之稱廋瘦臞瘠也瞍無目者艘大船總名擻舉也起物也藪澤｜也

溯遡｜回從流而上溯順遊而下也鎙長矛漱｜口也

● 鶯塢埡隝 小障也小壘壁城也 嶋 山名 潙 水｜ 嘔 吐｜ 漚 久清 瑦 石似玉 鄔 地名又姓 媼 老婦之稱

● 門厶某 未定名也 畆畒 田百步為一｜ 牡 畜父也花名 罞 網也 胟 大指 栂 江｜木名 畆 畎｜ 牡 牝｜ 罘 張網

● 語逰 路也又姓又行之貌也

● 出楚 國名 憷⿸疒楚 挂下 濋 水名 礎 柱下石也

● 喜虎 獸名又曰山君 冔 冠名 許 衆人共力之聲 滸 水涯也 ⿰戶阝 國名 否 不然也 ⿰虫虎 青蠅｜ 琥 ｜珀也 缶 瓦器 昈 明也

汻 水涯 虐 荷暴

故字韻上去

● 柳露 朝｜

● 邊布 帛也 佈 徧也 怖 惶懼也 抪 布散擊 誧 諫｜ 希傳 姓也

● 求故 舊也因也 固 堅｜ 涸 寒凝間也 痼 久痰病也 錮 鑄鐵以塞隙也 頋顧 ｜盼又姓回視也 彀 弓滿也 夠 多曰｜ 購 射有所求也

覯 視也 僱雇 傭｜備工 遘 及也

● 去叩 問也｜首也 扣 擊也牽馬 釦 金飾器口也 庫 財貯備之處也 寇 强劫也又姓 褲袴⿰革夸 下衣也 蔻 豆｜药名又草｜也又草名

● 地　姤善也　柘木名　藞草蟲也又云白魚　閗　鬭戰鬥也又姓　斁毀敗也

● 頗　鋪店貨曰｜又十里曰｜

● 他　吐嘔｜　兎　兔獸名月得孕又生子從口而出　莬｜系药名

● 曾　奏進陳也　輳輻｜又民居稠密也　詛嬰咒也　湊水會競進也　祚福也

● 入　儊不滑也

● 時　素白無飾也　詐　愬造詞辨訟也　忻並流而上曰｜　縤生絲｜　数　數理算幾何也　愫真情　塑塗作人物　溯｜洄也

● 鶩　惡憎怨也　悪仝上

● 門　沛地名周世宗遣將破賊于｜州

● 語　⿰辛苦謬也

● 出　措｜置處安也　醋酸漿也又酒母　⿰礻昔合聚萬物享百神

● 喜　虖　⿰亻虖帶水器也　嘑出辭之貌

⿰口枯字韻上入

● 柳 簬 美竹可為箭者

● 邊 [广+方] 藏也

● 求 [口+枯] 暇|咽也

● 去 郗 姓也

● 地 [竹+角+勺] 手足指節鳴也

● 頗 [米+甫] 餹錫也

● 他 [竹+亠+可] [竹+爵] 笄|炙葅出南中也

● 曾 筰 竹索尚南夷尋之以渡水故因號曰印

● 入 [髟+委] [髟+系]|白髮也

● 時 [忄+嬰] 困|氣臭熏鼻不通貌

● 鶯 [亞+玉] 白玉

● 門 蓴 蓑荷草也又芭蕉也

● 語 嚀噍貌

● 出 疣瘡吐出在外也

● 喜 紆差戶所以牧系也 霣雨雪雜下貌

糊字韻下平

● 柳 婁空曳也宿名 樓重屋也 簍竹器 鏤彫刻又姓 盧田獵之犬 瀘水名 爐香丨 臚傳丨 艫船丨 螻丨蟻 纑練麻之布也

鑪酒器 奴僕也 鱸魚名 鸕丨鷀食魚生子從口而出 蘆酒丨 鏤劍丨 摟抱也 貗小豕 瘻打成也 ⿰盧瓜萌丨 娄星名

● 邊 莆 蒲葛求草名 匍丨匍伏地也 葡丨萄菜名 逋逃也負債 衰聚減 褳形也 ⿰甫攵人名 酺飲酒作樂

● 求 黏 ⿰黍胡 ⿰黍胡 糊枯也煮麥也米為糊也

● 去 瘖瘠丨阻滯也 托蔓丨草名

● 地 徒眾弟子曰小丨 途 塗路丨 圖謀也 瘏用病也 骰賭具也 屠殺宰隻曰丨 投訴冤 荼苦菜也 筡草名

● 頗 菩釋家稱丨提也

● 他 镸 頭首也 泥土丨 土土地稱地為后土也

●曾
咀 咒罵也
庛 山明聲
耡 益也輔也佐也匾也相也藉也

●入
皺 與又看攢也

●時
謏 諂|

●鶯
胡 姓|
瓳 瓦屬可以盛水之器
湖 大波
瑚 水|

●門
謀 圖猷計議也
侔 物件齊非也
胮 眷也
眸 目童子也
麰 大麥也
漠 沙|也又澹|也
謨 定計|畫計|
摸
摹 規|也又以子|物

嫫 |母黃帝妃名
蝥 食苗根之蟲也
牟 大麥也又盛黍稷之器也

●語
吳 大言也又國名又姓
吾 自謂也
鋙
鋘 山名山中金可作刀以切玉
鯃
鯸 魚名
珸 琨|次玉者
梧 木名可為琴
浯 水名

鼯 飛鼠
菩 草似艾
吴 全吳

●出
愁 憂苦也
悡 全上

●喜
楜 猿屬
侯 官爵之名
篌 箜|樂器
瓠 匏|也
弧 木弓男子生日懸|
狐 獸名似犬
餱 乾粮
蝴 |蝶飛蟲也
猴 獸名
喉 咽|

鍭 箭鏃也
糇 |糧也
瑚 珊|樹海中寶也
鬍 多鬚也
笟 取物于水中也
柧 全上
壺 酒器
鶦 山|鳥名
餬 寄食四方曰|口

衚 |衚小街巷也
鶘 水鳥
狐 狐貍

怙字韻下上

●柳 路行之處也 露夜氣為｜陰之夜也 瘻瘺｜瘡｜ 陃狹也鄙也 璐美玉也 鷺鳥名 賂賄也 潞水名 弩弓｜

蕗｜蕎香草 輅大車也 耨耘｜

●邊 步舉足而行也 部分屬又姓 蔀草名 捕擒捉也追取也 哺 餔食在口口｜也 ⿰虫步｜蚡也 勏用｜ 鞴箭室 篰竹器

●求 怙無父何｜無母何恃 詁訓通古今也 ⿰忄固仝枯

●去 ⿱艹盬韮鬱也白菹也

●地 度過也法則也分寸尺丈引為五度也 杜絕｜ 肚腹｜ ⿱艹度 荰香草 渡過水也 ⿰土度填塞也 鍍以金飾器 豆盛泰稷之器

荳菽又豆蔻药名又菽也物理論菽者眾豆之名 痘小兒疹病 逗止進｜逗 竇穴也又姓 ⿰豆豆禮器也

●頗 簿本也 ⿸疒咅蔗｜煮糖屋也 ⿸疒部仝上

●他 餖飲也

●曾 助借其力以共成其事曰｜ 阼東階也主人接賓之處 胙祭肉也 祚福｜聚也 ⿰氵聚急水也 驟急處也

●入 陞 陵登也升又君子攸｜也

●時 疫臞瘠也

●鶯 芋薯也 籠｜飽所以阮小兒之器

●門 戊天干之名 茂草木之盛也 楙仝上又木瓜也 懋勉也 幕帷團也又覆棺具又軍聚也 幙仝上 募招廣求也 暮日晚也

墓墳｜ 貿交易不明之貌 慕想也 袤廣｜

●語 悟覺也 晤明雍靈光照又以言曉人也 牾敗失也 寤｜寐覺而為言 五數名 俉迎也 忢古｜ 誤仝俁

●出 蹝阻葉也

●喜 乎疑問也 戶門｜ 互交也 沍寒閉 扈尾也后從曰｜ 滬水名 𡹴山高而大 熩火光也 後不前曰｜又｜嗣子孫

后仝上天子之正妻 逅邂｜不問而會也 厚｜薄 岵山無草木 祜 祜福也 楛濫惡也又木名 擭握手取也 濩布｜流散也又而流下救民

穫地名又刈也又隕｜困急失志 護救也保｜ 怘堅也常也 候等｜ 鑊鼎屬 矱度也 蠖尺｜屈伸蟲老而作繭再化生系 槴取魚具也

雨天上降水 詬恥詈也

12嬌字韻上平

●柳 瘷 踿手足｜也 髎尻骨謂之｜也

● 邊 嫖 ｜媥美貌

● 求 嬌 妖｜美態也 獢 逸恣矜憐 驕 傲慢放恣也 嘄 ｜陽獸名

● 去 橇 禹治水行所乘也 蹺 ｜蹊多岔故也 敲 擊也 嘺 ｜嘺

● 地 朝 早晨也 凋 落瘁也 鵰 大鷲鳥也 彫 雕 ｜刻也 琱 治玉也 紹 鉊 鼠名 軺 小車也

● 頗 漂 流遠 飄 風吹 熛 火飛也 標 表率也 杓 魒 北斗柄宿一星名 焱 大風也 縹 輕｜也 螵 ｜蛸螳螂也 僄 行貌眾流

瀌 雨雪盛也 穮 耘｜ 鑣 馬啣無鐵 飆 飇 暴風｜ 翲 ｜飛 勡 ｜勍 瞟 眾｜ 嘌 頸疾 瞟 視｜ 瞟 置風之目中

● 他 刁 行軍斗也 忉 憂｜ 恌 仝上又緩 挑 ｜撥也 祧 遠祖之廟也又百世不｜ 弨 弓馳未張也 祒 姓也

● 曾 招 呼召也 炤 昭 明也 焦 傷于火也 蕉 芭｜菜子名 燋 火燒物又未熾之具也 譙 城門上｜樓也 椒 楜｜也味辛

● 入 珧 瑤 謂蓋弓頭為｜形也

● 時 消 除成也 硝 燒 燃火 宵 庚｜ 霄 雲｜天氣又九｜雲外也 硝 芒｜又药名 逍 ｜遙道戲也 痟 酸｜頭疼 蛸 螵｜螳螂子

魈 山｜獨鬼 蕭 門屏｜也 簫 洞｜以竹為之 銷 仝消 綃 皺也

● 鶯 夭 少好貌 妖 ｜精不祥也 要 ｜求也又路中截侍 腰 身之中圭間 喓 蟲聲 么 小蟲 飢 不飽 褄 ｜裳 葽 遠志又草名

吆｜聲 謈仝要

●門 渵大水貌也

●語 譊惡呼也

●出 劁 鍬 鍫乘重 [illegible]除苗草也 搜檢察白音 橾｜楅 超馬｜人名也

●喜 梟不孝之鳥 僥皆為｜倖 憿｜倖 獥 邀求｜ 囂喧鬧｜ 枵歷｜ 鴞鴟｜惡聲之鳥 嘵恐懼告愬聲也 儌仝激 嬈｜嫋

㗊山名也 驍武猛也 澆｜禽也又｜菬也

皎字韻上上

●柳 了決完也 憭憮也目傷也 瞭目睛明也 嫽艮弱又曳 [illegible]面目也 蓼草名辛辣之菜 漻水清也

●邊 表外也又問名自責｜ 褾｜褙又糊 諘譖日｜ 莩 殍餓死人也 表 㧼古｜ 婊優｜

●求 皎｜潔月光也 晈光明 皦白玉也 獥抄問察曰｜ 矯屈誼擅強百｜ 蹻驕慢武強貌 攪擾也 佼好貌 瀥撓水聲

繳｜矢｜ 曒叫｜

●去 [illegible]高也 巧奇也

●地 篠篠小竹 銚矢也 嫪大直好往來貌

●頻 標落也 剽對未| 蘽草名零落二日草盛 禜|神 膘脅後脾前肉也 受物落上下相付 皫禽毛色而無潤

●他 窕窈|幽閒之處 宨輕|放肆 嘵相呼| 誂|寺言也 朓扳屎|也

●曾 沼池三曲也 屌男子之陽物也 鳥飛禽總名 蔦穹|草名 樢仝上 了懸物貌|

●入 爪手甲也又覆于取物 抓搔| 擾|亂也煩|也 嬈託也戲笑也 遶 繞纏也圍也 𨇾足動|

●時 小細微也 嬲男女相擾也 少不多也

●鶯 殀短壽也 夭仝上 窔深也| 偠細腰也 畱|才| 窈|窕

●門 杳 [illegible]|溟不測也 窅深遠也 眇微未盡也又一目少也 渺水也 緲微也 淼浩|大水也 皛白顯 藐輕|視也 邈輕視

龖 龘飛龍之貌也

●語 撟 撟強貌又舉手也文屈也

●出 悄靜寂也 稍畧也少別也 愀色變也

●喜 曉明也

叫字韻上去

● 柳 [illegible] 語也

● 邊 褾 婦人之衣帶也

● 求 叫 呼｜ 噭 仝上 窔 深遠也 嘄 叫也

● 去 竅 空穴又撥｜也 [illegible] 高下不平也 礉 磽｜ [illegible] 仰鼻 檄 撽 擊也

● 地 吊 弔 傷惡也問終也 釣 以餌取魚也 窵 卜遠｜ 絩 以繩縛｜

● 頗 票 飄搖動輕舉 嘌 ｜搖不安 漂 水中布也

● 他 跳 雙足躍起 趒 躍而過也 頫 視也又列國特教大失相見曰｜ [illegible] 仝上又俯首聽也 眺 視目不正也 [illegible] [illegible] 賣五穀也

● 曾 炤 照 明也 詔 告也天子｜也 醮 僧道遠置道壇設｜也 [illegible] 飲酒盡也 曌 仝照

● 入 [illegible] ｜紗 皺 面｜

● 時 肖 似類也 少 幼稚也 哨 多言之將｜ 誚 以辭相責也 鞘 刀室 俏 好貌 峭 小峻｜ 韒 仝上 蕱 菡｜花也

● 鶯 要 約也結也 窔 隱暗處也 漊 源｜

●門 戲不平貌也

●語 嘄叫| 獟狂大也 汼水名 𠠉削也

●出 笑喜面解頤啟齒| 歗 嘯吹聲也又咸口出聲 咲仝笑 歗受形

●喜 嘄叫| 歊然意

橋字韻下平

●柳 僚同官曰|並| 寮仝上又小巷也 嶚險也 嘹鳴也清音之微也 屪男子陽物一 獠 獠田犬也又打獵也 燎火炬|

遼遠也又水名又國名 尞 遻狂也 寥寂|無聲 蟟|蝭|蟬 藔草木葉疏貌 嫽巧言又澀言不明也 雡 鷯小鳥名

䯾細長也 繚|纏也 憀悲恨也 聊且也又語助詞 椰木名 蹘走足相交也 蹽足長行| 撩挑弄也

●邊 俵以皮為裘毛在外故衣毛為| 槖堅持也

●求 喬|棟無枝也 橋梁也 僑旅寓又姓 嶠山銳而高 翹鳥毛也又|首舉頑

●去 獢狄健 趫捉也善走也 激 譥許也

●地 朝人君聽治之所 潮|水天地之滿怠也 條小枝也又|目次序也 絛|絲繩也 岧山高|

迢遠也 笤草木可以為掃 髫小兒垂髮也 椆木名 齠小兒始毀齒 鰷魚名 蜩蟬名 調和合也 鞗車轡｜也

● 頗 嫖宿娼｜ 瓢鉋｜ 薸 [illegible]草似萍菜

● 他 鮡魚名 𤷹癡貌也

● 曾 樵｜夫拾柴之人 憔城門上｜樓

● 入 饒家貲厚富｜裕｜ 鱙魚名 皺面皮｜

● 時 韶舜樂名 牊床別也

● 鶯 搖動也又招｜ 傜 徭役使｜ 遙遠也｜ 謠歌｜又無童典 姚｜悅美好也又姓 颻飄｜風之行｜ 窑 䍃藏肉器

垚土鳥貌也 鴞鳥名 窰瓦｜

● 門 苗禾也 猫 貓獸名捕食鼠 描摸｜

● 語 堯善行德義又閑傳帝號 蕘草｜ 嶢高貌 翹仝上 蟯江海蟲名口腹中短出也

● 出 [illegible] 鍬 鐅削去田草之器也

● 喜 嬓女不正也 嬈 [illegible] 婹仝上

轎字韻下上

●柳 料｜理度也 炓火光也 撩取物｜ 燎以柴燃光祭天也 寥姓也 膫炙也

●邊 尥 尥 瞟白色也 殍路旁餓死口也

●求 轎有行之車也 撬夆起 簥仝轎

●去 烄柴祭天也

●地 召呼｜ 兆端始也又十億曰｜ 晁｜采美玉也又姓 旐龜蛇之旐 馳 駣馬三歲也 銚燒器 藋藜｜草名 蓧 蓨蓄草器也

肇始也正也 肈仝上又戟屬 調｜和也 趙姓也

●頗 裱領中也神端也 僄輕便也 勡攻劫攻取也

●他 柱揀也

●曾 覞善視也 噍 歗人名

●入 尿 尾 㞙 屪小便也

●時 邵姓｜ 劭勸勉也 佋介行也 紹繼續也 軺小車也

鶯 曜日光也 燿耀光照又明不足又鮮明貌

門 妙竗精微也又年 庙廟祀先祖之｜也 庿仝上

語 獟獸名

出 逴趠行也超也

喜 ⿱礪衣人名

驕字韻下入

柳 炓大光貌 ⿰礻弓弓截之聲曰｜

邊 尌末也

求 ⿰牜尧｜｜人名

去 砝碻哭也

地 垗墺地近水涯者四方土可居｜

頗 墂封上為端也

他 ⿰石兆山田也

曾 呺昭人言鳴也

入 瑵蓋弓頭為｜形

時 ⿰忄少憂也

鶯 ⿺辶謠邎相隋行｜也

門 ⿺辶査遠也

語 獢猲｜犬短喙也

出 踿行漸進也 ⿰立肖立貌

喜 訯強事言語也

13稽字韻上平

柳 頪頭不正也 㓞剝也

邊 鑱｜大鑿鑿也 篦竹｜也板也

● 求 鶏野丨雉丨 笄 笄簪也婦人首飾也 雞家禽也 街城中通道也 嵇姓也

● 去 稽考究也又丨首也 溪 磎 谿水注川合流曰丨 豀名反戾也 蹊山徑小路 谿注水曰丨

● 地 低卑下又俯垂也 隄丨轉伐掌四夷之樂 氐麥粰丨 坻丨活 羝羊羖 邸旅丨 氏東方之宿 𣱵頭垂下也

● 頗 批判也又奇信也 [illegible]刀斫去也 [illegible]反手擊也 [illegible]肉醬未成醬也

● 他 梯木階也 釵婦人所帶也 推託諉辭也 胎丨私白音

● 曾 劑分也又葯丨 薺甘丨 儕等類 擠推擠排也 嚌眾這 懠猜疑也 隮仝上又墜也 躋升堂 臍肚丨 賫 齎裝遂 渣丨滓物也

● 入 嘊城名也

● 時 西日月沉落之方 恓丨惶煩惱之狀 梳理髮之具 栖 棲息也又鳥宿也 萋草盛貌也 犀獸名 卤古西字 嘶馬聲 [illegible]仝上

● 鶯 挨推延也 劾丨逼 碢瓦器 鍋仝上 鍋銅丨

● 門 瞇目合也 [illegible]暗盜迫也

● 語 囈喻丨伸呼也

● 出 初日上旬又始也 妻夫丨 悽慘丨 淒丨涼

● 喜 暥目動也 醘 醯醋也

改字韻上上

● 柳 禮 礼行有節文使名得序 敳敵也又｜屈也 醴｜泉酒也 澧水名｜ 蠡鐘紐嚙蟲又彭｜名 鱧魚名 ⿰禾豊戟也 ⿰巛乚古礼字

● 邊 脾 胝聲齊毛也

● 求 改 觧開｜也 假真之反也又借也又人也

● 去 啓 啔開也又齒之子也 棨｜戟兵器 綮 綮戟衣也

● 地 底物之下也 軝鞋履下也 齒盛物之器 短物不長也

● 頗 髀 骿股肉也 𩈲｜䩄面貌 骶脊毛曰｜

● 他 體身｜手足曰四｜ 醍酒赤色也

● 曾 濟水名 這比箇也 姐女字也又大也 媎仝上 ⿰女只火｜ 姊｜妹

● 入 鈰刀利也 釞金也

● 時 所指物之辭也又方｜ 洗濯也 黍穀名

● 鶯 矮 短不高也

● 門 瞇 眇目 買 以財｜

● 語 眄 邪視｜ 俔 覞 睨 ｜｜不敢正視 堄 埤｜城上女牆 詣 造也又成功之語也 ⿵門兒 ⿵門兒 戾訟也口憤

● 出 扯 板扭也 枇 梓｜ 泚 汗出之貌 眦 睚｜

● 喜 眭 目深怒動也 盻 斜視貌 ⿱⺮奚 竹器也

計字韻上去

● 柳 劙 割破 ⿱利力 ⿱𥝢力 剝也 ⿰月戾 跛足也 ⿰金礼 ｜聲 ⿰扌隶 手｜

● 邊 蔽 遮蓋也

● 求 計 算籌｜策 繼 紹續也 疥 小瘡｜ 髻 女｜ 檵 枸杞 㡭 續｜ ⿱兔⿰兔兔 疾也

● 去 契 券約也 鍥 刈釣又鐮

● 地 帝 君｜ 螮 寒蟬也 諦 審也 締 因結不解 褅 被也兒帽又小也 戴 姓也 琋 玉名 禘 祭名 渧 水滴 揥 摘也以象皮為之 嵽 ｜蝀虹特

● 頗 笓 竹片也 睥 ｜睨旁視 紕 經｜

●他 啻但也 剃削髮 涕淚丨 鵜洿澤水鳥 替代也 髢髮也

●曾 祭 祭祀先祖也 漈水涯也 際風雲丨會 䁻察視也 瘵勞病 濟渡通也 晬小兒週年又百日度丨 穄粟名 縩布丨空音

●入 音空

●時 細丨米也 婿 壻女之夫也 世 卋三十年為一丨

●鶯 嘞 薊丨草名似芹菜可食子天如黍也

●門 簣竹器也

●語 塊伴也 哯口丨

●出 甀甃丨 擦挑取也 磜階丨 糭米細 剶 刷鼎丨

●喜 嗘丨聲

莢字韻上入

●柳 皴被皮散裂也

●邊 八 捌數名 憋繁惱

● 求 莢 豆｜又菜名 裌 雙重衣褲 鍥 刈也鐮也

● 去 瞽 眼精不聞 碱 ｜破 篋 小箱 鋏 小文也 客 外來之人曰｜ 鵲 喜鳥

● 地 啄 雞鳴食物 蹄 胃｜ 蹟 以物｜動 簣 床｜

● 頗 䧢 阤 山名在楚南也

● 他 咤 噴也曲禮母食｜又奠爵為｜ 裼 赤身也

● 曾 櫛 梓也摺也梭也 節 四時氣｜也 績 竹｜

● 入 歡 痛也

● 時 雪 霜｜

● 鶯 瘞 蝕有也 貐 鼠屬

● 門 阼 墻也

● 語 蘋 節茱萸之｜

● 出 撮 二三指取物也

●喜 歇 遏息也 宿飛|住|

鮭字韻下平

●柳 犂農具也又牛雜色也 黎|民黑髮之民也又國名又姓 黧愁思鬱積而垢黑也 藜草冬莖可作杖 瓈玻|寶石名 蔾疾|藥名 鑗鐘|鉄碓也

螺蚌屬| 蜊蛤屬 黧黑色

●邊 [illegible]杯| 甈 瓻瓦器 鈀兵器 爬扒也

●求 鮭魚|

●去 傒心繫

●地 題|目作文章 蹄足|

●頗 鞞 貔獸名人名 皮牛|羊|音腔

●他 隄|防所塘也 提|擊也 惿|動也 堤壅塞也 踶 啼鳥聲又兑號泣也 鞮草復也又姓

●曾 齊整|又國名 臍眼精合也|

●入 提手|物也|

●時黎 饋也

●鶯鞋 履也 鞵 挾物也又農援也 揳 仝上

●門迷 惑亂遮也 采 深入也又國名 䴴 ｜治絲名 囷 地名 獼 ｜猴 罙 深冒也

●語猊 獅子食虎豹 霓 虹｜ 麑 鹿子｜ 掜 獅屬 倪 端也弱小之稱又姓 婗 娶｜人治生也 輗 大車所用也 鯢 此魚四足聲似小兒貌

●出躝 不能行也 跙 ｜行不進貌也

●喜奚 何也 徯 絜待也 㽯蹊 路徑田畔 携攜携 帶收又姓 觿 角端可收解結 酅眭 待也 鼷 小鼠 蝦鰕 魚｜

易字韻下上

●柳戾 乖｜也罪曲也 捩 口｜也 厲厉 以衣涉水曰｜ 勵 勉｜用力也 劙 刈破也 礪 磨石也 癘 疾疫也 糲 粗穀

隸 僕｜賤者之稱 丽麗麗 華｜光明也 儷 伉｜偶配佳也 灑 水名 蘺 草木相對｜而生也 荔荔 ｜枝菓名 禲 思實

鱺 魚名 籬 反也｜

●邊笓篦 去髮風之具也 陛 ｜下皇帝位也 耙 犁｜也 秛 仝上 父 生我之人也

●求易 不難也白音

● 去 孌 難也

● 地 地 天丨 弟 男子復生曰丨 茀 草名但也時也 第 次丨等級也 娣 妻之從者曰丨 埭 春魚之所 帒 袋 布丨盛物之器 棣 車下木也棠丨花名

遆 遞 傳丨更趍也 苧 紵 草名皮可為丨布 埊 古地 瑅 珮玉 髢 古同鬄假發

● 頗 稗 草似穀而實小能害苗也

● 他 厗 店丨石也 倍 未立 蛇 蚱 水田旁蝦作目

● 曾 多 不少也 坐 不立也

● 入 粺 祭未也

● 時 郎 里名在治召陵也 晳 明也 逝 誓 往也去也亡也 晰 明也

● 鶯 能 多才也

● 門 袂 衣袖也 跩 尾長也 賣 鬻也

● 語 羿 有技之君善射者也 藝 有才有技 埶 仝上又種也 [illegible] [illegible] 仝羿 劓 刑罰截芥鼻也 毅 毅 剛丨也

● 出 挈 手持物放在下也

● 喜 兮歌詞之餘也 係傳| 系緒繼也 繫絲束也 蟹蟲名

笠字韻下入

● 柳 笠竹為之戴以遮日雨也

● 邊 拔 抜抽挽也

● 求 秎禾屬

● 去 稩人名

● 地 奪手|

● 頗 隗人名

● 他 宅田||次 崖|次山貌

● 曾 截 絕切斷也

● 入 樧木名

● 時 諴人名

●鶯 [illegible]狹不廣也

●門 詸謎名

●語 月太陰之精 [illegible]仝上

●出 蠦人名

●喜 貛獸名

14宮字韻上平

●柳 攏｜擁也

●邊 [illegible]刮削物也

●求 宮｜室｜ 恭｜敬｜ 供應奉也｜ 弓｜矢 [illegible]仝恭 [illegible]婦人月｜ [illegible]

躬身體也

●去 穹高也天形也 芎香草又菜名 鞏以皮束物也 銎刀斧空愛之處 [illegible]｜蚕 蛩蟲名

筑樂器 [illegible]國名 [illegible]穹｜天形 [illegible]愛心 [illegible] [illegible]仝上

●地中不偏曰｜忠盡｜無偽

●頻淞江名在吳郡也

●他衷心中也

●曾章文｜彰｜明璋｜玉螽｜斯終有始有｜人死曰｜鍾酒｜又祿享千｜揰春杵米去糠鐘樂器

●入餓食不飽也

●時崧嵩山大而高中嶽山名又祝壽亦曰｜娀有｜氏契之母姓淞｜江菘｜某湘相水｜量｜箱籠｜琱人名商｜賞廂廊｜

●鶯雍和｜癰生｜鷛雝和｜灉水｜也饔｜飧邕竭塞也與壅同噰熱食嗈鳥聲和也癕疽病又仝癰字

●門㚇盿人名

●語鉚美金也

●出充擴推也克沖搖動上飛也忡憂也憧意不定也蹱行不進也种仝琉罿捕鳥雀之網也衝通行大路珫｜玉蓯容句緩

●喜匈暴｜凶死喪不言也兇暴｜｜胷胸｜心涳洶水急也又小湧聲匈｜奴北夷詾眾言也涚水｜酗仝洶

鄉鄉里｜

拱字韻上上

● 柳兩裲斤｜靇俗聾｜朧曨耳｜儱｜淚不調也竉孔穴

● 邊洸人名

● 求拱兩手合持龔姓也珙玉名拱｜斗拲八兩一名曰｜

● 去恐｜懼也忐古｜

● 地長老人也⿰山重銀也夫古字兵仝｜

● 頗洪大名

● 他塚封墳也冢｜宰也寵｜愛也

● 曾種穀木特喠氣急不能言也煄火燒起也尰人名腫｜脹畽禽獸所踐之處

● 入冗宂散雜也哅眾言也⿰土戎地名⿰石戎戟屬

● 時想思｜賞｜罰也

● 鶯勇健決｜敢也俑從葬木偶人也涌湧泉上溢也甬解也又｜道｜踊踴跳也衕宮府中道也悀慂昧心謗人曰｜

釓 篇海性｜很戾口

●門 空音

●語 仰 引領望也

●出 忼 心｜ 聳 高驚欲勸聳也 嵷 嵸 山峯｜

●喜 响 ⿰口囟 聲｜ 説 詾 繞也 嚮 影｜ 亯 古字

粠字韻上去

●柳 躘 足｜

●邊 ⿰米重 人名

●求 供 粠 供祝佛齋也

●去 伷 寒屈也小貌 ⿰日穹 日乾物也

●地 中 ｜狀元也

●頗 偅 人名

●他 暢 快樂

●曾 眾 众 多人也 將 猛｜

●入 空音

●時 相 視也又｜公

●鶯 擁 群從護衛挾抱也 壅 ｜塞 甕 磁｜也

●門 雝 人名

●語 岇 山名

●出 縱 放恣無忌 唱 ｜歌也 倡 ｜始也又｜率也

●喜 向 快｜ 趧 行也 粕 粮也

菊字韻上入

●柳 ⿰言丑 ｜忸慚色也 ⿰鼻丑 鼻出血也 掏 不卑也

●邊 籥 竹器 麴 粬

● 求 菊 花名 匊 兩手奉物 掬 仝上撮承 㤛 謹懼也 鞠 曲身也 踘 蹴戲迷也 趜 窮困也 諊 審問也窮其罪也 簐 竹根也丨 檋 禹山行乘也

● 去 曲 屈不直也又歌丨也 筁 養蠶具也 粬 酵 酒也 郤 却 丨捨

● 地 竹 空中有節 竺 天丨西方佛國也 築 起也營立宮室 斸 斫钁斧屬

● 頗 㯟 人名

● 他 斥 怒丨責辱也 畜 六丨也 傗 不伸也 搐 牽伴也 慉 動而痛丨

● 曾 足 手丨 祝 頌德宗廟之官曰丨 嘱 囑 托丨也 灟 恭也丨 瞩 瞩 矚 正視 鬻 粥 糜丨也 烛 燭 爥 蠟距光明也丨 𦆽 丨帶

● 入 溽 人名

● 時 䎘 神鳥 佩 不伸也 宿 住息也 肅 正恭欽敬也 潚 水深而清 蹜 足迫促也 蓿 草名 𣨙 縮 畏退收斂不敢伸也 驌 良馬也丨

叔 父之弟也 俶 善厚動作 淑 淑 仝上又和也又清正婦人美也 菽 菽 豆也 𦁆 丨紋也縉丨也 踧 丨踖恭敬不寧之貌 粟 穀米之有殼

夙 早丨

● 鸑 約 丨東也泉空

● 門 音空

● 語 匩匣玉石也 ⿸厂房人名

● 出 捉｜捕 浞寒｜春秋時讒人之名 ⿰舟足 擉以叙刺泥取物也 ⿰足足謹貌 ⿰言足言急也 哫以口求媚也 促｜狹也 蹙促急迫近也

顣｜頞鼻頭捉不脫 尺｜寸 ⿰尺頁人名 蹵不安貌 蹴逐也踏踏蹋也 齪 齱間禮具又齒相迎聲 歜怒氣也 觸觝｜也｜犯也

矗從上高起 ⿸尸蜀古人名 ⿵門蜀衆也

● 喜 旭日初出也 郁文盛貌 頊敬謹也顓｜高陽氏號 薁｜李也 勗勉助也 ⿰角咸 彧黍稷茂盛也又文章也 燠暖又熱在中也

窮字韻下平

● 柳 龍鱗蟲之長變化騰飛致雨 隆豐盛也 漋高水貌 癃皮病也 ⿱雨隆靊雷也 ⿰壴⿱支龍鼓音也

● 邊 緟人名

● 求 窮困苦也 ⿱山躬山形 竆羿所封國名

● 去 ⿱髟玑｜鬆髮亂也 ⿱⿰王刅米人名

● 地 腸肝｜ 長短｜ 塲壇｜也

● 頗 ⿰彳龍人名

●他 蟲有足曰｜無足曰豸 爞熱氣薰人 虫豸｜

●曾 從隨行人也 从仝上古字

●入 戎四夷之名 狨獸名 絨緞屬 茸草亂雜也 娀姓也 棫木名 茙厚貌

●時 松木名 倯瀨曰｜ 枀 柗仝松 淞江名在吳郡 祥 詳｜端｜細 菘｜菜 常閒｜ 嫦｜娥 甞甘也｜ 嘗｜常

●鶯 容包含也｜儀也 庸平常又姓 楊木名又姓 鎔以火燒金鑄器也 瑢從｜佩玉聲 蓉芙｜花名又蓯｜菜名 鄘國名又姓 傭雇人儕等

墉垣墻城築土壘之壁也 鏞大鐘也 溶水成安流貌 榕木名

●門 茸人名

●語 卭勞病也竹名又水名池名又姓 茚草夭美也 昂｜昇明高舉 顒頭大也 鰅魚名

●出 牆 墻土壁｜ 嬙妃｜ 蓯花名菜名

●喜 雄勇力曰英｜ 熊獸名又姓

共字韻下上

●柳 㺏｜獞行不正也 贚貧也 亮明也 徿人名 諒 量信也度也

●邊 軑 軯車聲

●求 共合同也

●去 佃寒曲 誇多言訊詞也 𣏕木名

●地 仲伯｜叔季兄弟之稱四時有孟仲季之號 茽草卉叢生又黎名 重不輕

●頗 謹人名

●他 褈 𦆽人名

●曾 狀 狀｜元

●入 緝毳屬 毦毳飾也 讓人名

●時 訟爭控在官也 頌歌｜稱述｜也 誦讀｜ 上｜下 像形｜也仿也肖似也 象獸名

●鶯 用｜財也

●門 瀧人名

●語 岬 峅山名

●出 ⿺走重邪行也 媑女子 儱外| 匠才|

●喜 嗅鼻審氣也 ⿺走鼻行也

局字韻下入

●柳 六 坴數名 陸高平之所也又馬齒莧 淕寒也凝雨也 醁美酒也 ⿱艹綠|辱草名 蓼長貌 穋五穀後種先熟曰| 綠 菉聞色草名也

⿱艹陸 ⿰車坴車軸也 勎 劉 戮 ⿰歹翏刑也誅也 勠倡也 僇辱也 戮殺也 錄註也

●邊 恧慚也

●求 局 跼促不伸也 侷短也 ⿱宀局 ⿱夂匊 ⿱夂匊曲背不敢伸也 ⿰禾局粟多也

●去 匤匣也 ⿱串心人名

●地 逐追炎驅|也 蓫羊蹄草 篴 鱁小竹魚名 軸詰也

●頗 韝人名

●他 儱人名

●曾 ⿰口示 咻 ⿰歹川呼雞重言也

● 入 屻刀傷 辱污丨也 鄏郟丨地名 [土+辱]濕熱也 媷懈惰也 蓐草傷曰丨 褥被丨 縟細也繁業 月 肉肌也

● 時 俗風丨 蜀丨川地名 續繼連也 属 屬附也親眷也 熟 [孰+火]物丨也 [門+熟] 塾門側之堂也

● 鶩 毓 育生養也 慾貪淫也 浴洗身也 [亻+育] 鬻獯狄之名 鵒鸜丨鳥名即八哥也 焴 煜燿火光也 昱日先明也 欲愛丨

[艹+者者]丨風吹水貌也

● 門 鸐鳥名

● 語 玉寶石丨 獄牢丨也以囚罪人 鈺堅金也

● 出 俶人名

● 喜 歔人名

15 高字韻上平

● 柳 覶丨縷委曲也又好視也 攍人名

● 邊 褒丨賞也 玻丨瓈西國名 菠丨菱菜名 [舟+皮]船丨 [艹+㝿]吳景帝第四子名也

● 求 高崇也 膏脂澤也肥潤 篙竹竿也 羔小羊也 糕 餻粉餌也 皋進也 哥 哥兄也 戈干丨 歌 歌丨唱小曲

藹草名 皐澤中木為坎也又姓 鼛役爭單鼓也 檛馬鞭｜ 翺｜翔

去 科｜第品程也 柯木名又斧柄 蝌｜蚪蝦蟆子也 珂石次玉者 舸大船也 軻車軸也又孟夫子名 滒多汗也 萪｜勝

地 多不少也 刀兵器又家用以刈物 舠小船 魛魚名 侈姓也僕有｜宗

頗 波浪瀾也又姓 陂 坡坎也 岠坂也

他 忉憂也 叨濫溢也 咷笑聲 滔水漫流也 韜劍衣又六｜兵法 幍巾帽王者之｜ 戕藏也

曾 遭 遭｜遇也 糟 醩酒滓也 傮終｜

入 尻人名

時 唆｜使 梭織布之具 慅勞擾也 騷遊戲為｜人 粇米粿 鮻魚名 橅木名 搔 搔手把也 娑婆｜ 颾風聲

嫂女子 溞浙水聲 嗂群呼 膰月色

鶯 蒿草名 苛｜刻也暴收也 阿五色席也 疴病况｜ 猗柔順也又竹美盛也 窩藏也｜主也 蝸｜牛蟲名 萵菜名 呵以之費也 荷芰｜

渦水回也 訶從也 鍋鼎｜ 舸大船也 窩匪｜ 碢瓦器

門 脢人名

●語 齵齒丨

●出 操持也 磋丨戚山上也 瑳美貌 瘥病丨也 臊膻臭也 蹉丨跎下跌 鯌魚丨

●喜 蹌 饕貪食 號平聲丨泣也

果子韻上上

●柳 老年高之稱 栳栲丨屈柳為器 筶篣丨曲竹為器 㛴 惱煩丨 腦頭頂骨也 𤏶熱也

瑙瑪丨美石也丨 潦水名又路上流水也 橑椽也屋簷前木也 鮱鮑魚丨 𡿺古字

●邊 寳 寶 寶珍丨貴重也 保 保安守也丨全也 蜾 堡隄障小城也 葆草盛貌滅也 鴇馬驪毛也 褓 緥襁丨所以負背小兒

鳵 鴇鳥名似雁而大無後趾

●求 果決斷也 菓木名可食 粿食也糍丨 臝 臝 躶露體赤身 蜾丨蠃腹也 杲日出也 槁木枯丨 槀木枯也胺魚也

熇炎氣也 槁 藳 槀木杆久紊也 暠 縞繒之精白 燺燥也 殦肥枯也 袌包藏也 鎬溫氣也丨京武王建都

●去 可許肯也當然也 哿嘉惠也 考稽丨也又父死曰丨 攷仝上四也 𥬺木名 坷坎丨行不利也 舸大船 洘水乾 頙丨屎也

●地 倒仆也 捯 搗 擣春也手附也 惷 懤怨也毒也 島海中有山曰丨 壔高土也 垛 朶 朵花木垂貌 鬌髮垂貌

躲挆逃離也 鬃髮| 捶以杖擊也 禱祈神也 禱上仝 埵堅土也菜于不垂| 剁斫也

●頗 頗不正也似有曰|有

●他 討誅伐也

●曾 左|名也 早|晚也 蚤上仝 蝨蟲名也 棗菜名 藻 藻水草也

●入 欙木名

●時 鰽魚名 嫂 嫂兄之妻也 鎖銅| 瑣細小玉聲也

●鶯 襖長衣也 懊悔恨也 婀 娿|娜弱態也 婐|妮身弱好貌又妻侍也 捰摘也又休閉也

●門 母生我之人也 姥老母

●語 戹 厄木節 妮女侍也

●出 艸 草 愺恅|心亂也 慅憂也 懆慍愁不伸 瑳玉白也

●喜 好善也美也 恏欲也

告字韻上去

● 柳 躼 身高長也 [高+勞] ｜髞高貌 橯 摩田器也

● 邊 報 報 告酬也 播 布田也 簸 揚去米糠也 譒 傳｜ 颮 大風

● 求 告 成｜也 過 失誤也 個 偏魂也 个 箇 數也幾｜ 划 撥進船也

● 去 誥 告成也 鄗 國名又姓 靠 相依也 課 訓賢也又國名 顆 小頭也 騍 牝馬也 岢 船着沙不能行 窖 地空 犒 ｜勞軍士也

● 地 到 至也又去｜

● 頗 破 割劍也

● 他 [口+妥] ｜當 套 長据也圈｜也 套 地田也

● 曾 佐 輔助也 做 ｜作

● 入 跢 小兒行也

● 時 燥 乾也 躁 疾動｜暴不安也 懆 惱愁不伸也 掃 除糞便也 埽 掃帚也 喿 鳥群鳴也

● 鶯 奧 室西南隅為｜ 隩 西方所屬之地也 澳 深也｜ [疒+奧] 痛｜ [口+過] 少兒應聲也 墺 西面河旁為｜

● 門 餢 人名

● 語 驐 鷔 駿馬也

● 出 噪 譟 鳥呼鳴也丨琴也 慥 言行相顧也 糙 米未春也 剉 殺斫也 操 國名又曹丨名 挫 阻也丨折也 莝 斬草也 夎 詐拜失容

錯 悞也 脞 細也 [illegible] 舟為橋也

● 喜 耗 丨破

閣字韻上入

● 柳 駱 丨駝

● 邊 卜 丨占 蕔 人名

● 求 閣 水間亭也也 胳 丨肢 袼 下衣含縫處也

● 去 劫 人名

● 地 卓 姓也 桌 棹 丨几

● 頗 朴 蔗丨樵也 粕 槽丨也 璞 玉在石也

● 他 招 一手抓起物也

●曾 作營為也忤作仲尸也

●入 姝人名

●時 索絳｜ 嗽以口吹也 縩線｜

●鶯 難不易也

●門 麼心｜不知何物也

●語 空音

●出 ⿰毛昔奸淫｜

●喜 熇鼎內無水物乾熱也 爠仝上

硴字韻下平

●柳 勞勤｜ 劳仝上 ⿰木劳取藥物曰｜ 涝水久又水濁不清 痨惡疾也 ⿰酉劳 醪濁酒也 嫪戀惜也又｜毐 磟｜碡耕田具

罹心憂也網罟也 羅蔦｜兔絲草名｜葡菜 邏巡視遊偵 籮｜斗 囉助歌志 鑼金屬樂器 騾 驘馬瘦 牢堅固獄關圈

⿰氵羅水名 ⿰力少 ⿰金劳 鐒餅｜ 哪｜吒 哰多言

●邊婆老嫗之稱

●求砤砣碢碾輪石也翗飛貌

●去㛗安少也胢自大也

●地沱水流貌又滂|大雨也佗美負荷也酡酒容也陀波|不平又西方彌佛鮀魚名駝駱|良馬名跎蹉|言不遂意

逃|脫迯走|濤波|擣|挑綯綾索陶|鑄金瓦萄萄葡也鋾天平|淘沙|舵牛無角鼗|鼓

翿舞器鞉|華匋水|萄葡|醄酸|醉貌

●頗吥口|

●他杔桃菓子名

●曾曹群|又姓漕河也衛邑名嘈胡言也槽馬|艚船|螬蟲名𤸰病|

●入哪人名

●時仯行又舞不止也趖走也

●鷩蚵蠔蛙屬

● 門 無 沒有也

● 語 敖 人名 俄 ｜頃暫時之間也 峩 壯盛也又山高貌 峨 山名 哦 誐 吟｜嘉言也 娥 嫦｜月中仙女 莪 蒿｜菜名 䫱 高大貌

蛾 蟲也 鵝 鵞 禽屬也 厫 倉盛｜ 謞 傳繆也 熬 慠 嶅 山多小石又人名 嗷 嗸 眾口怨怒也 獒

獓 犬名又獸如牛無角 驁 駿馬 鰲 魚名龍頭 鼇 鼉 魚名有足皮可蒙鼓 遨 ｜遊 𩪬 大骨也 熬 ｜煎 聱 ｜牙 嚻 欣欣之聲

獓 犬黃色 嶅 ｜山

● 出 𡷨 峩山高大也

● 喜 何 曷也美也又姓｜ 河 大江 荷 蓮花名 禾 嘉穀也 咊 和 順也 毫 分｜又系｜厘也 豪 ｜傑也 濠 水名 壕 城下溝

擙字韻下上

● 柳 斛 斗｜ 栳 仝上 嘮 聲｜ 耮 磨田之器 𦗼 耳鳴也 憦 懊｜悔｜

● 邊 暴 雪｜ 瀑 疾雨｜ 𨇤 急行

● 求 擙 磨也也 栲 木名 [illegible] 人名

● 去 吱 人名

●地道引路也導引也啟迪也悼哀傷也[illegible]軇勝｜身長也稻米穀也蹈足踐也盜賊也惰懈怠也又不勤謹也

襀[illegible]衣無袂也[illegible]古字

●頗抱扶也懷｜也菢禽伏卵也部書口

●他[illegible]雨｜也

●曾坐位｜也座仝上造｜作皂皁名始生未堅曰｜又黑色也賤役之稱譄喧嘩也

●入[illegible]口食物而言曰｜

●時[illegible][illegible]船進也

●鶯啊應聲也踒羸｜弱貌

●門帽[illegible]頭上衣也磨礱｜

[illegible]字韻下入全韻空

卷三終

增補彙音卷四　皆根姜甘瓜

16皆字韻上平

●柳　⿰犭男 使｜　⿰齒來 齒｜

●邊　⿱竹能 竹｜

●求　皆 俱齊也　偕 並也　階 梯也又級也　堦 砌｜　湝 水流之貌　喈 鳥聲和｜　該 應宜也　揩 摩也　媘 女名　媘 仝偕

●去　開 啟閉也　開 仝上

●地　獃 癡也又無知也　⿰魚氐 魚名即魚｜　秖 谷字　⿰黑臺 戴上黑｜　懛 呆｜

●頗　⿱山⿸厂⿰自巳 人名

●他　台 三公之稱也　胎 孕｜也　苔 鮮濕地生草也　笞 捶擊也　邰 有｜氏名后稷封也　⿱髟台 婦人偽髻　抬 舉｜也　篩 竹器除粟也　颱 風｜

●曾　栽 ｜種　烖　灾 殃害　齋 戒也　知 識也　災 ｜害　⿰氵齋 戒｜

●入　⿰骨耎 有骨也

●時　犀　獅 獸名　師 ｜傅　西 東西又日落之方　司 臬｜

● 鶯 哀 丨傷 埃 塵丨 唉 嘆恨之聲也

● 門 毸 屄 肷 婦人之陰戶

● 語 嵦 山名

● 出 猜 測度也疑惑也 ⿰目戠 丨視

● 喜 奓 大也 侅 非常之聲也 咍 笑聲 夫 奓 奓 大也

改字韻上上

● 柳 唻 歌聲也 柰 小船指木 硋 丨磨

● 邊 擺 撥開兩子而進也 ⿰罷力 惡怒也 ⿰亻罷 停也 ⿰木罷 衣丨

● 求 改 更易也 觧 解 散脫講丨

● 去 愷 戰勝還歌曰丨 凱 仝上南風曰丨風 覬 丨覦希幸也 鎧 甲也 楷 字丨 顗 惻丨 ⿰扌豈 丨解 闓 門丨 剴 鐮也摩也 塏 爽丨

揩 丨模式法端書丨

● 地 歹 不善也 歺 吉丨 騃 馬駁色也

●頗挐分開

●他嚘痞駘人名

●曾宰冢丨太丨官名又屠丨滓渣丨也宷烹丨崽江右謂子曰丨

●入崇人名

●時駛船行也屎糞也又姓也使丨用

●鶯餲飯熱也靄靉雲氣貌僾丨昧瞎目丨藹人及盡力之美

●門魋襬也又殊魁也妹火也不亮䰩丨鬼即心鬼也

●語娾喜樂也瘊騃癡也無知也豛丨猳豕也

●出采古又丨色採丨取又摘取彩口丨綵色又繪也寀丨寮睬偢丨

●喜海眾流所歸侅駭驚也非常也醢肉醬也榼盒酒丨

界字韻上去

●柳唻吸丨

●邊 拜 兩手下至地 𢪘 古丨 捧 仝上

●求 秎 介 接賓通信之人也 价 大德之人也 玠 大圭也 芥 草丨又丨蒂也 疥 㾏 小瘡也 蚧 蛤丨虫名 昐 界 丨限也

[illegible] 誡 命丨告也 戒 仝上又齋丨也 駴 馬尾 忦 愛懼也 裓 釋門修心受丨也 盖 蓋 覆也遮丨也又發詞 解 丨元 屆 至也

丐 乞人也 尬 尲丨不正也 𩬈 假丨 魪 皆魚 砎 硬丨 盇 葢 仝盖

●去 慨 丨然又慷丨 漑 灌滌器又阮丨徐流 嘅 嘆聲 墍 泥飾也 槩 仝概 概 大丨又酒樽也 暨 及也與也汝義丨和

●地 帶 帶 束丨也 㿃 婦人下部病曰赤白丨也 戴 荷員在首又姓 襶 襱丨

●頗 派 水分流也 湃 滂丨水聲也 伂 沛 雨盛貌又水大流行 霈 雨大貌

●他 太 大也 汰 沙丨也陶丨 忕 㥭 習也奢侈也 泰 泰 道大又山名極也又卦名

●曾 再 再 兩次也 載 年丨 儎 舟丨物也

●入 愒 動心也

●時 賽 丨愿報答神麻也 婿 壻 女之夫也 使 人名

●鶯 愛 丨惜 僾 唈氣不舒 隘 陋狹險塞也 縊 自死而丨 曖 隱也 㤅 仿佛行貌 嬡 稱人女曰令丨

● 門 ⿱竹貝（竹器也）

● 語 ⿰忄厓（恨也）

● 出 采（卿大丈食之邑） 菜（蔬茹丨） 蔡（大龟也又姓）

● 喜 烗（火盛也）

倸字韻下平

● 柳 來（去而返也） 萊（田草曰丨又蓬丨仙島） 棶 麳（小麥） 騋（馬七尺上曰丨） 梨 棃（菓名） 徠（古來字又山名） 崍（山名） 郲（郡名）

⿰阝來（階丨） 唻（囉丨高聲也）

● 邊 ⿰骨非 徘（丨徊也） 棑（筏也又船丨） ⿰片非 牌（盾也） 簰（大桴丨）

● 求 倸（怨恨也）

● 去 ⿰齒豈（齒丨）

● 地 臺 臺（築地為丨以觀四方也） 儓（丨臣屬賤之稱） 檯（木名又戲丨） 薹（草名又芸丨菜名） 籉（笠名丨） ⿰虫台（蟲名雞丨）

● 頗 湃（水名）

● 他抬擡扛舉物也部刣人名

● 曾才賢能也材木質也又才堪為用者財｜寶裁度也剪製也臍肚｜白音｜

● 入瑎人名

● 時揮手｜

● 鶯喨嗳聲｜

● 門埋葬也霾雨濛露也眉眼上毛也楣門上橫木

● 語崖山逐郡名涯水邊也厓仝崖睚乾目相視也呆癡｜

● 出豺｜狼相足長尾纔始作也裁｜取也｜奪也

● 喜湝水流貌諧和｜孩提幼稚兒童也骸｜骨垓地名荄｜根閡｜頷下駭馬性和也械｜閧

解字韻下上

● 柳倈徠無其志也又慰勉而招柰菜名內｜外利｜鈍也

● 邊敗壞也又戰走曰｜

● 求 䉤 竹名 叡 深堅意也

● 去 嫸 難也 硋 石丨

● 地 大 不小也 代 易世曰丨 岱 丨宗東岳大山名 迨 逮 及也 玳 丨瑁可飾器 貸 借丨 俿 袋 囊丨 黛 粉丨黛眉美貌

怠 懈丨 殆 危也 黱 𪏽 靆 雲皓丨 䲦 魚名 𤥍 玉名 螮 虹丨

● 頗 佈 人名

● 他 待 俟候也

● 曾 在 存察丨 載 舟丨物也 豸 𧊒 廌 獬丨獸名能觸邪

● 入 空音

● 時 似 凡弟之妻曰丨

● 鶯 薆 彷彿行也

● 門 箸 竹器

● 語 碍 礙 止也妨也

● 出 睵目睚丨 砦柴下木棚也

● 喜 害傷丨 亥地支名 解卦名 懈怠丨 邂丨逅不期而會 薢草名 懈人名 獬獸名 蟹 䲒介魚 韰 薤菜名似韭而大

嗌逆死而歌

皆走音 字韻下入

● 柳 誺人名

● 邊 箄竹器

● 求 㥞人名

● 去 烗火丨

● 地 軩車聲

● 頗空音

● 他 揩手丨

● 曾 䵹人名

●入寀|殺

●時豼名獸

●鶯吰|口

●門瞶名人

●語䚮名人

●出砶|石

●喜嗐嗽恐懼貌

17根字韻上平

●柳瞵|目

●邊賔賓客也濱水|涯梹檳|榔繽雜亂也|紛邠豳國名文王祖地也斌彬文質備等貌鑌好鉄獱小猵

●求斤十六兩也均平也鈞三十斤肋骨肉之終也根木柢也跟隨也足踵也巾帽也筠竹|

●去輕不重也

● 地 珎 珍（｜珠也） 徵（召也證也） 癥（陽結陽內病也） 玎（｜璫） 敳 ⿰岂攵（古字）

● 頻 兵（｜卒）

● 他 蟶（蚌也）

● 曾 真 眞（不假也） 瞋（張目怒視也） 津（濟渡處） 烝（火氣浮｜） 蒸（細木也又祭名） 蓁（葉茂盛貌） 臻（至也又人名） ⿸疒烝（骨中熱肉） 嗔（怒也）

● 入 彄（人名）

● 時 身（四體之總名） 申（地支又｜明也） 伸（不屈也） 呻（｜吟） 紳（大帶也） 辛（天干名又味｜苦） 新（鮮｜） 薪（｜火柴） 騂（赤色）

脤（婦人有｜孕） 駪（馬病行也） ⿱山辛（獸名） ⿰牛先（進也）

● 鶯 因（依也仍也） 恩（｜澤也） 姻（婚｜） 氤（｜氳天地之祥氣） 殷（審聲也又湯國號） 茵（褥也） 慇（｜懃情厚也） 裀（近身衣也） 駰（馬文也）

● 門 鴖（鳥名）

● 語 ⿰木焉（平斗斛也） ⿺辶丕（人名）

● 出 親（父母曰雙｜） 婃 婃（同｜）

● 喜 興（｜起也作也） 㒷（仝上） ⿰興阝（地名） ⿱罒丂（定息也）

謹字韻上上

● 柳 糺憂也 橉門限也 剹削亂也 恁您依也 𩬊獸名似蟲尾白身黃

● 邊 稟禀丨明也 箄箅竹器

● 求 謹丨慎也 緊急丨 螼蚯丨即牛丨也 巹酒巵婚禮用之

● 去 淺不深也

● 地 炪少也

● 頗 品級也又粿丨

● 他 娗不開也 秏人名

● 曾 振丨起 裖袗單玄服又盛服又中衣 䝩賑修也丨 震動也又卦名 畛畛田間道也 疹瘋丨 軫車後橫木又星宿名

紾單衣也又繩也 丂古字 診訡丨視驗 黔黪黑仔 鬒黑而稠也 黰仝上丨又美貌 眕目有所限而止也 儘悉進也

拯救援也 縝結密丨 藎贐送行之禮也 藎進忠無秣已也又染

● 入 忍惡酒 涊垢濁也又邪媚之汗出也 𤸷病丨

● 時 殀欲死之狀 庛屋斜｜ 庤寒病咲也 欣指而笑

● 鶯 弘 引開弓車喪 矧況也 磤雷聲也 嶾｜奇山峻也 蘟｜葱菜名似蔗 尹不願秘也 穩妥待谷聚 穩衣｜ 蚓蚯｜也

● 門 敏｜捷聽也 黽 黽 罠勉強也 澠縣名水名 刡削也 泯頭昏不安也 湣齊國玉名 閔憂勉又姓 愍 憫憐傷憂恤也

潣水流｜ 鰵魚名

● 語 㞳山名 磭大唇笑｜

● 出 笉笑也 簭小竹名

● 喜 蠕豁也 吲笠也

絹字韻上去

● 柳 軠車｜

● 邊 儐接賓之使 擯仝上 殯殮也 鬢額旁之鬢 篦風｜ 梐折｜

● 求 亘 亙亘古汲今也 絹紟也帛也 眴鬈白

● 去 迿走也

●地 鎮 鎮|壓也

●頗 䞋 人名

●他 趁 走也

●曾 進 行前去也 晉 晉 國名又卦名 縉 縉 名赤白色又|紳官家 震 |動起威又卦名 瑨 美玉也 搢 |笏攜于帶間

●入 靭 柔堅難斷也

●時 信 |實不爽 汛 舟| 訊 |常疾也 訊 |間審實 囟 頤 顖 額頂|門也

●鶯 印 璽印 茚 草名 㥯 依| 應 |答也白音

●門 抿 手|也

●語 銀 金|

●出 藽 木名 秤 稱 權草也 襯 䘢 身| 靘 冷| 䝭 賣錢得也 𡥁 川也 櫬 棺|

●喜 釁 殺牲以塗鐘也 舋 仝上器裂也 興 去聲高|也

吉字韻上入

● 柳 尼 阻止也 抳 止也 窒 塞也 飅 風雨暴也 慄 戰丨

● 邊 必 決定之意 欭 器破未離 篳 草名門丨也 熚 少旱也 嗶 ⿰畢虫 縪 縫止也束約 ⿰王畢 佩刀上飾也 ⿵風必 ⿵風畢 即天丨宿星名

鴓 鷝 鳥名 畢 終竟也星名 ⿰亻畢 蹕 止行人也 綼 絜也又裳左幅 滭 觱 風寒也又所吹以驚馬 滭 ⿰氵觱 丨沸泉始出

罼 兎罟也 鞸 鞞 刀鞘也 韠 喪服也 ⿺鬼畢 斗星名 萆 药名 笔 筆 文房之一

● 求 吉 善也祥瑞又丨月 佶 牡健也 橘 菓名 蛣 丨蠅轉為凡蟲 ⿰王乙 丨有所據 劼 勤敏丨

● 去 乞 求借也丐 芞 香草

● 地 得 有所利也

● 頗 匹 夫婦丨配又丨馬也 疋 布丨

● 他 勅 勑 敕 丨令也急理 飭 脩丨 遫 歸丨 ⿰弋鳥 鷄少鳥

● 曾 質 朴實也考證也 儨 正也 鰿 即鯽魚名 脊 背丨 鶺 鳥名 戢 職 官丨 ⿰糸戢 織 丨布 膌 瘠 瘦也又姓 蹐 少步也行步狹也

● 入 臸 到也

● 時 失 過丨貴逸也 悉 盡知 識 見丨知也 媳 子丨也 熄 火滅也 恜 丨布丨 軾 車前橫木 息 消丨也 式 中丨也又合丨

● 鶯弌古丨一數之始也乙犬干名又鳥名壹專合也噎氣不通也又憂深不能喘也鳦燕也乢山海貌也憶思想也白音

● 門⿰扌密打也樒人名

● 語仡勇壯丨吃口不便言也屹山崒山貌汔水涸盡也訖收丨盡也矻勞極也紇系丨又姓迄至也齕齧也

● 出七數名柒仝上拭絜也尺寸丨也官音

● 喜肸炊作也又人名肌炊肉丨⿱八月振肸也肸祖也忔喜也

麟字韻下平

● 柳獜隣鄰屋毗連也憐哀矜也可丨潾粼水清見石遴謹選也又姓行難也燐鬼火也鱗魚甲也轔車行聲

麟麒丨仁獸驎馬青色綾丨緞璘玉名

● 邊貧丨乏勿財憑丨依凴準丨凭倚丨瓶甁缾酒丨器也蘋大萍丨顰眉目之交也瀕水涯也屏圍丨

嚬笑丨顰眉蹙凴隱丨

● 求莛⿰齒廷人名

● 去勤勞丨孜孜也懄懃慇丨委曲之貌芹菜名

近字韻下上

● 地陳布列也又姓塵|埃也藤籐藟蔓也又姓敕古字

● 頻嫔行不止也

● 他酺|酒

● 曾秦木名國名溱鄭水名榛木名螓蟲名似蟬而小繩索也星名澠水名塍田岸也

● 入人萬物之靈也仁人心也又|義忈古|忎古|刅仝上芢草名

● 時辰地支名臣君|晨旦也又房星宸帝王所居之所神|明也又精|蜃⿱辰䖵蚌屬吐氣有樓間之景丞羽副也佐相也蠅青|

● 鶯云言為施也芸香草也又國名幁周|耘除去田草也紜紛亂|寅恭敬又地支名夤恭夜也勻偏齊|鄖均也國名又姓

● 門民庶人|氓外國往來之人岷山名又川名珉石次玉也眠飛魂

● 語銀世所利也誾和悅|嚚頑也多言也犾兩犬相齒也齦齒|根木名垠岸也

● 出鐕插也

● 喜眩頭昏也白音

● 柳 吝 咯 羞恨愛｜又貪鄙 賂 貪也 孱 男子陽物 磷 洧也 瞵 觀不明也 蹸 車掩兎踐鹿也 藺 兎屬可為席 悋 堅惜也

● 邊 牝 母畜也 娦 嬪 妃｜ 臏 膝耑也 ⿰足凴 足踏地號

● 求 近 不遠也 槿 堇 菫 草名又花名 蓳 仝上 ⿰月堅 雞鳥之腹曰｜ 鄞 會稽縣名 僅 理塞也 殣 餓殍也又理也 瑾 玉名

覲 朝見天子也 饉 菜不熟也 瘽 勞苦之貌

● 去 ⿰亩欠 人名

● 地 陣 軍行伍之列曰｜ ⿰口敕 古｜

● 頗 ⿰亻兵 詐偽之人｜ ⿰賓見 暫見｜ 汖 分水也又水流聲 氷 俗作水上水流聲

● 他 攸 ⿲彳車攵 人名

● 曾 尽 盡 竭也 燼 火餘也 藎 藥草｜ 璶 石似玉者 趁 踐土從也

● 入 認 保也自｜

● 時 慎 愼 謹｜ 腎 小臟也 剩 ⿰盡刂 有餘也 抻 ｜物長也 縝 ｜密

● 鶯 孕 胎｜ 胤 ⿰亻胤 子孫相承曰｜ 酳 以酒漱口也 ⿰亻⿱龹女 ⿰月⿱龹女 送女從嫁曰｜

● 門 面 丨目

● 語 逕 澤地丨 救 援丨也 𢱭 仝上 憖 憗 強開閉阻也恭謹也

● 出 硯 水名丨

● 喜 ⿰扌行 申丨 ⿱目乙 目不見也 恨 怨丨

⿰米聿字韻下入

● 柳 鳨 鳥名 ⿰糸力 索也

● 邊 弻 弼 輔助也又左輔右丨二星名 駜 馬飽而肥 辟 擗 拊心也孝子居喪丨踊 馝 香意 飶 食季也 鼻 丨肺之竅也丨 苾 呑也 闢 開也

● 求 ⿰米聿 乾也

● 去 鳶 鳥名 杙 櫪 壁上針也

● 地 直 正不曲也 侄 堅疑不前也 姪 兄弟之子曰丨 蟄 蟲在蔺中以待受化又節氣

● 頗 鴓 鳥名

● 他 謓 言直辨也

● 曾 疾病也 蒺药名 嫉|妒

● 入 日太陽之精也又|月 馹馬| 衵婦人裹衣

● 時 食吃也 植立栽也 湜水清見衣也 埴持挾也 蝕日月虧也| 襲掩而取也 殖|女生才也 殖仝上 寔 實誠也

● 鶖 佚不勞也 泆淫放也水蕩道也 佾舞列也 繘汲水索也 駜飛疾貌 迭遺|也 熵火光也 聿循也遂也

● 門 窰 密靜不疎也又國名 蜜 蜜蜂釀成飴曰| 滵水流也 蔤美葯也 嘧人名

● 語 隟裂也

● 出 空音

● 喜 空音

18 姜字韻上平

● 柳 鑨人名

● 邊 兵刀|金聲 匉 卅人名

● 求 姜美女也又齊姓 僵仆倒也 薑菜名味辛辣 彊 疆界限也 韁馬繩也

●去 羌兩夷名又姓 腔 羫羊胆也

●地 張布開設施弓弦也又星名又姓 粻粮丨

●頗 栟木聲 弸弓聲

●他 鼞鼓聲

●曾 章文丨又姓 彰著明也 漳府名 璋玉名 樟木名 將就丨 漿水酒也米汁也 鏘金玉之聲 麞 獐獸名

●入 皾剝裂也

●時 商丨賈通財之人 傷痛掉丨 殤未成人而妖死曰丨 觴酒卮 相共也又姓 廂無也東西之室也 箱竹器也 襄飾也 湘水名丨

瀼露多貌 勷助丨又急遽 纕佩帶也 驤馬低昂騰躍也 緗丨縑 雙對也白音

●鶯 央中丨 泱水深廣也 殃災禍也 秧苗之稗丨 鴦鴛丨匹鳥

●門 娏女名

●語 鈃鈴也

●出 昌盛也善也 菖丨蒲香草 娼 倡優充也 閶丨闔天門 猖狂丨 鯧魚名 鎗戟屬 猖丨獗

●喜香芬草之氣也　鄉萬二千五百人為｜　膷羊｜　薌｜草名

拱字韻上上

●柳兩雙耦也　緉雙履也　倆伎｜　魎鬼｜川澤之小鬼｜

●邊⿰金𠂢　鈲人名

●求拱手｜　⿰弓男勉力也　襁｜褓負小兒于背　𧬈強辯｜　繈錢貫也｜　鏹川｜買錢

●去⿰風風亂風大風也　硄｜石｜

●地長尊老曰｜

●頗弜弓｜

●他毃人名

●曾掌手心又管｜　奬｜勵｜　蔣地名又姓　仉孟母姓也　蔁草名

●入釀酒｜　躟行病貌　爙盛肥｜　攘奪繁兄也　壤柔土無｜

●時想思念也　賞玩｜　鮝　⿰月鮝魚名

● 鶯 養畜有育丨 懩心所欲丨 瀁水貌 癢瘡丨 鱶腊乾物也

● 門 鶩鳥名

● 語 卬古丨 仰舉首瞻視也 仰 卭視也

● 出 廠屋無壁也 ⿰忄敞驚失精神也 昶明也 氅羽丨 僘寬丨也 ⿰月尚失意貌 鋹金聲 搶突着拒集爭取飛掠

● 喜 享獻也 饗 饗仝上飲食也 響應聲又丨亮 ⿱鄉金和聲丨 曏應聲 响仝上 嚮影丨

⿰歹京字韻上去

● 柳 ⿰米襄雜也

● 邊 ⿵門兩門丨

● 求 ⿰歹京屍丨也 ⿰弓⿱山虫山也

● 去 唴兒泣不止也

● 地 悵恨也又惆丨失志也 帳撑張傅也 漲水溢也又逆也 脹氣上塞也 瘬病也 韔弓衣也

● 頗 閅人名

● 他鬯以秦醸酒以香和之曰鬱丨 韔弓袁也 暢悅也快丨

● 曾將丨帥 傽驚恐 瘴瘟疫丨 暲內丨目不明也 醬盐丨 障壅塞也又保丨 嶂山高險也

● 入蘸菜也丨菜作菹也

● 時相視形貌又宰丨

● 鶯映明相視也 怏惰不滿也 盎盛貌 泱水貌

● 門餦丨餭錫也

● 語毹丨觀覦也即毛也 氄丨披髮鬢丨亂毛也

● 出唱歌道引丨 倡和始也

● 喜向對面也 粡兵粮也 曏明也 珦玉聲

腳字韻上入

● 柳鷦丨蕉

● 邊圈煅鞭丨

● 求 脚 腳 足脛也

● 去 却 卻 退正不受也 怯 懦辱也畏懼也 㾀 病劣也 ⿰足去 行不進也 躩 仝辟 埆 地不平又脊也 郄 姓也

● 地 旳 膨 人名 櫂 木名竹器

● 頗 ⿰弓勺 弓古丨

● 他 擢 抉 手丨

● 曾 勺 挹取也又飲器又葯名 汋 激水聲也又宋地名 妁 媒丨 灼 林丨渥村之器 芍 花名葯名 酌 媒丨 爝 炬火也 爵 丨祿

⿰口隺 嚼 咀丨詳食味也

● 入 逽 人名

● 時 削 刮侵弱也奪除貶點也 屑 往來不憚煩也又不安貌 梢 木名哨也 捎 芟除 硝 磨丨 叔 伯丨

● 鶯 約 束也

● 門 ⿰足京 足丨

● 語 ⿱虐皿 言失曰丨懷

● 出 雀鳥名 鶺喜鳥名 綽寬| 趞 趠驚也行也

● 喜 謔戲名

強字韻下平

● 柳 良善也婦人謂夫曰|人 娘少女 蜋蟲之名 粮 糧 粱穀名 梁桥也又国名 樑棟| 凉轻寒也又地名 涼雨也不視東|人

飉北風| 量商量也 ⿱京心古字

● 邊 響多言也

● 求 強健暴|大

● 去 獿人名

● 地 長久遠|不短 萇人名楚名羊地名 兏古文長字 ⿰虫長蚰蜒

● 頗 汸沛也渥也又|沱

● 他 鏛磨也

● 曾 蔣 戕人名

● 入 瀼（露多又盛貌）攘（除光也）饟（饋也）穰（豐丨）釀（醞酒為丨）

● 時 祥（吉丨也）庠（學名）鱌（魚能飛也）翔（佪飛丨）詳（審也細也）常（經丨尋丨又庸丨丨久也）嘗（試味也）裳（下衣）嫦（丨娥月中仙女）

甞（口丨其味也）

● 鸉 揚（顯也）痒（病膚欲發也）佯（丨狂詐也）徉（徜丨口倚之狀）羊（柔毛畜也）煬（暴爍金炙爍丨）楊（木名）暘（日氣也又丨谷日出之處）

陽（陰丨）洋（海丨）颺（丨風）阳（即陽）敭（仝上）

● 門 坐（玉名）

● 語 崸 峻（寶丨山峻貌）

● 出 墻 牆（垣丨）薔 蘠（丨薇花名）檣（船帆挂丨）塲（祭神之丨又戰丨也又除地為丨以收五穀也）腸（腹內之物）嬙（婦官）鏰（托螞器具）

● 喜 香（日出也）

譻字韻下上

● 柳 倞（索遠也）剠（取奪也）量（度丨）惊 悢 [忄亮]（悲也）輛（車丨）眼 晾（目病也）哏 喨（啼丨）亮（信也明也）

諒（信也又丨陰天子居喪之所）

● 邊　⿱髟走足躍地聲　兵刀|

● 求　譽詞不屈也　摾設罟于道以掩禽鳥　嘵免泣不止也

● 去　⿰目尭目病也

● 地　丈老人之稱又十尺曰|　仗憑倚也　杖老人所持以憑倚也　扙傷|

● 頗　与相次之貌

● 他　鏳|鎗玉聲也

● 曾　襁負小兒也

● 入　讓進|　懹憚|

● 時　上上下也　尚和|　襐首|　象獅|　像形|　橡|膠

● 鶯　恙憂病也　羕水長　漾水搖動貌　樣法式也　養本事　㨾式|　瀁仝漾　癢仝恙

● 門　鋿鼎頂也

● 語　⿰言卬上也

●出 匠工也 㟛山名 趞|映| 趭肆起

●喜 恂放肆也

矍字韻下入

●柳 畧 略簡| ⿱丯各 ⿱㓞口磨刀也

●邊 ⿰扌雹射中之聲

●求 矍遽視也 玃獸也 ⿰火豦火熾 劇觀戲也又姓 噱 ⿰口虐大笑不迂 臄口上肉也 玃 ⿰犭瞿火猴冊也

●去 壆堅|

●地 礿春祭名|萡也春物未盛其祭尚萡 着|落

●頗 炐火聲

●他 弰弓房

●曾 ⿰石著 蔪斬也 ⿰犭著 ⿰扌著擊置

●入 若如此| 弱惴| 蒻|蒲初生也 箬 篛笠|

●時[illegible]人名

●鶯侖量名以竹為之　籥樂器如笛丨　瀹水流通也　爚火飛也光照耀　禴祭名菂祭　躍跳丨　⿵門龠門堅閉不開　鑰鎖丨　⿰⻊龠登也履也

●門⿰車翟人名

●語雲　虐殘暴丨　瘧病丨

●出⿰黃昔陳黃丨

●喜苑草聲也

19甘字韻上平

●柳坍　抩併持也　淦水入船中也　喃哖丨

●邊聑古丨

●求甘味甜也心願也　泔米潘汁也　柑菓名　疳小兒積病也

●去堪能勝任也　龕神祭之座　坩玉器

●地湛樂也又露盛貌　愖遲疑丨惧　偡齊整丨　躭惧也

● 頗 ⿰甘瓦 人名

● 他 貪 ｜欲又心｜

● 曾 簪 首飾｜ 針 鐕 鍼 婦人縫具也

● 入 甜 人名

● 時 三 叁 數名 杉 木名可為樑 彡 毛飾也

● 鶯 蓭 ⿱穴奄 神祀之所 菴 ⿱艹菴 古也又姓 腌 ｜物不潔也 媕 女婪｜不潔 諳 曉也 闇 天子居喪之｜廬

● 門 畘 人名

● 語 啽 寐中言也 ⿰齒含 齒齶

● 出 參 謀也又宿星名 叅 贊助也 驂 駕三馬也 滲 流往縫也

● 喜 魽 蚶 蚌屬 酣 飲酒｜暢 邯 ｜鄲地名 憨 痴｜ 佄 醉貌 甝 白｜

敢字韵上上

● 柳 ⿱⺮覽 覽 納視也 欖 橄｜菜名 腩 煮肉也 爦 火亂也

●邊	吮 口丨
●求	敢 果丨勇也　橄 丨欖　感 丨恩　⿱竹感 器盡也　⿰石敢 國名也　箃 竹丨
●去	坎 陷也又擊鼓聲又伐木聲　墈 柯丨利也　轗 仝上　戡 斬砍丨　欿 不足貌又愁也
●地	胆 口措澤也　膽 心之上肝之肘丨　萏 菡丨芙蓉花　窞 坎旁入也又坎底也　薝 丨匐坂子也
●頗	霮 人名
●他	啿 豐厚　嘾 合深　菼 草名又草初生　毯　⿰炎毛 毛席丨
●曾	斬 刈頭也　⿱斬食 食無味也　魙 辟邪符又鬼名
●入	⿰齒占 人名
●時	滲 漏灑丨　滲 寒丨　墋 沙土不清也　槮 木濫丨也　醦 酢汁丨也
●鶯	黯 丨味不明又慘也　闇 晦也開門也　菡 芙蓉花也　淊 水丨也　湆 飯丨　⿰氵闇 水火至也　揞 手覆藏也
●門	⿰虫敢 蟲名
●語	⿸厂敢 人名

監字韻上去

● 出 慘 痛傷也 瘮 病而痛也 黲 浅青黑色又物明而变｜淡也

● 喜 噉 食餡也 喰 眾飲食聲也 饏 食無味也 闞 怒聲大聲 喊 ｜聲勇聲 撼 搖動也 撖 兩手抱相研也

● 柳 坍 坍 水衝岸壞 婻 美貌肥又水｜ [illegible] 水聲 隶 坔 泥水深也 畓 田｜ 湳 地名

● 邊 柟 木名

● 求 監 察視｜ 鑒 鑒 鑑 ｜照也又盛水器也 尷 ｜尬爭不止也

● 去 紺 深青揚赤色 嵌 鑲也又入中也 黚 淺黃色也 㒈 逞貌高老貌 瞰 闞 窺視也 勘 相視｜ 磡 岩｜

● 地 㾪 痴｜ 汵 淦 泥也入水船中也

● 頗 𣲩 水｜

● 他 探 ｜問也 𩦠 闖 馬行向前也又馬出頭也 𦨣 船行曰｜

● 曾 蘸 水｜ 站 覽 ｜見

● 入 𣻌 人名

●時 三|次 槮槮橧罧橫木水中以聚魚 毿毵長毛 ⿰占彡物祀接 釤大練

●鶯 暗不明曰無光也

●門 謲人名

●語 穎搖頭|

●出 懺懴自父悔過也 讖讖驗也未果之事|先驗 塹塹地名

●喜 譀大言也怒呼也 ⿸疒尧腫| ⿰去虎虎怒| 膢河東謂浮腫曰|

鴿字韻上入

●柳 凾春去谷皮 碏春止復擣也 䐑瘡內消也 ⿰犭風飛上貌 ⿰石聶石墜貌

●邊 硆人名

●求 甲天干六|也又盍|也 呷山旁也 ⿰舟合|航船名 蛤蟲名 鴿鳥名

●去 恰用心又鳥鳴聲 祫祭名 袷無衣絮也 閤門內小門也 韐蔽膝又武事之服 ⿰齒合食齧聲也 蓋齊邑也 榼酒器 闔閉也天門總名

⿰衤盍|襠婦人袍 郃地名

● 地 答 荅應｜ 搭摸附也｜船也

● 頗 困 ⿸广凶人名

榻 ⿰木⿱𠆢𦐇棹｜ 闒樓上戶也 ⿰舟𦐇大船 ⿰馬𦐇驢｜馬行不進 塔雕｜層｜

● 他 傝不謹｜ 𦐇 ⿰𦐇羽高飛｜ ⿰𦐇刂釣｜ 遢邋｜行不謹也 榻 塌 凹地底不平 搨手打也 ⿰言𦐇謚名言也 ⿰革𦐇戟名

● 曾 劄｜子唐人用以學事 煠湯｜ 啑齧也又水鳥聚會之狀 嚃以口就食也

● 入 趛走｜

● 時 颯風聲 靸小兒草履也 捶破聲

● 鶯 壓鎮｜ 魘睡中鬼也氣空心懼神亂則有

● 門 匼人名

● 語 哈魚食物短氣也

● 出 ⿰臿刂切物也 偛余貌 插俗｜ 喢多言也讒言也 插刺｜ 歃｜血盟誓也 ⿰彳臿｜行貌 鍤銷｜ 扱取舉｜引也

● 喜 ⿰口帀 咂 ⿰口迎魚食入口 ⿰火奄｜火也

唅字韻下平

●柳 南 南向陽之方屬丨 喃多言又呢丨燕子聲也 婪 惏貪丨 楠梗丨木名 男大夫也人爵也 襤短衣又敝服也又衣無緣也 嵐山氣蒸也

籃籠丨 藍染色

●邊 唅澗谷空大貌相如丨又呀丨閉也

●求 含食在口未吞也 ⿱音日

●去 ⿰黑禽黃黑色也 痷病起倒難愈也

●地 倓恬靜也不疑也 睒目上⿰日番也 談丨論 餤人進丨也

●他 覃地名 墰酒器地名 譚言丨 潭水深處 驔驪馬黃脊也 曇彩雲布 痰嗽丨 鐔酒具

●頗 ⿱雨濡丨泥也又雨淖也

●曾 ⿰魚斬鳥丨魚名 詀多言丨

●入 學丨及也延也又姓梁東寧州刺史丨元光也

●時 儳不潔也

●鶯 甁瓦屋也 箈竹器 瓴空瓶

●門 吟寐中言語也

●語 岩 巖山名又巉丨高貌 ⿰口嚴 ⿰口巖呻吟也

●出 慙羞愧也 峂 嶄丨岩高峻貌 毚兔丨又猴丨 巉山石高 讒譖丨也 饞饕食也食不廉也 慚羞也

●喜 含包丨 函禮盒丨 諴和成也 ⿰口函澤多沉又渡涵 ⿰月含 ⿰月函口不開也 衘 衘馬口中勒 菡芙蓉花也 莟花蕊欲吐而未吐之狀

咸丨陽又姓

鮗字韻下上

●柳 濫汎丨水漫延也 嚂貪食也 ⿰忄監 ⿰貝監貪賭也 轞車聲 檻丨外 艦戰船丨 灠 灠湧泉也 纜維舟索

●邊 睒人名

●求 鮗鰟丨魚名

●去 硆撞動也

●地 淡 ⿰鹵炎清味薄也 澹 澹金玉又水耗又丨姓 菼苦林始生 ⿰酉炎酒薄 憺恬靜也 禫除服祭名二十七月而丨又大祥後閒一月曰丨

⿰金乏字韻下入

● 喜 憾 恨｜ 喊 呵吼也 陷 墜｜ 憨 果敢｜｜ 臽 阱也

● 出 ⿰阝毚 陷｜ ⿰魚斬 魚名 塹 竹｜也

● 語 ⿰感頁 愚癡也 閉 仝上

● 門 ⿰感欠 人名

● 鶯 餡 哺兒也 頷 頸也

● 時 儳 ｜癡⿰足毚｜行漫 儳 輕賤也輕言也 ⿰犭參 大聲也 ⿰足垂 行也

● 入 撍 人名

● 曾 磛 ⿱漸山 谿谷水遠也 劖 斷也又剉也 鏨 鑿｜ 站 驛｜又獨立也

● 他 埮 地平而長也 ⿰阝⿱穴咅 陷｜ 黮 ｜闇不明

● 頗 婆 人名

簞 竹器也 ⿱竹就 行也 ⿱竹炎 竹名 惔 恬｜不奢

● 柳 獵 逐禽獸也 爉爉 火貌又火聲也 臘臘 十二月之令也 蠟 蜂丨 衲 僧家之衣也 納 入受也又收包容之狀 蒳 香草

軜 驂馬絲繫軾前 擸 揦 手披也 ⿱剌手 仝上

● 邊 洽 和水泥也 姶 人名

● 求 ⿰金乏 雈也

● 去 腄 欲睡也 搕 打丝也 磕 石相筑声也 ⿰火奄 烹菜 ⿸疒合 ⿸疒盍 病菜

● 地 嗒 沓 貪重疊也 踏 蹋 踐也 遝 丨行壯也 ⿰馬沓 馬病行也 誻 妄語也 沓 丨腳 ⿰黑沓 無賢不屈之辨 譶 疾言也

● 頗 ⿰木沓 木名

● 他 ⿰石⿱日羽 ⿰金⿱日羽 人名

● 曾 襍 雜 參錯也 磼 山高 拾 十 什 數名 ⿰音币 斷聲 ⿱大垂 光也又姓

● 入 ⿶凵垂 人名

● 時 ⿰口⿱大垂 醜也又食也 霅 山雨也又開也

● ⿱合鳥 盍 何不也 柙 檻柜也 匣 仝上 熆 吹火也 狎 亂也 盒 盤丨

● 門 權木名

● 語 哈魚口動也 砐砐丨高貌 ⿰齒合齧聲

● 出 磣食有沙也 ⿰石維石多也

● 喜 合和丨 嗑食也又口不開又多言也

20 瓜字韻上平

● 柳 抓引又擊也

● 邊 柧 崋木名人名

● 求 瓜菓名蔓生 柯外也

● 去 夸人言自矜也 咵口戾也 胯兩股開也 跨好也

● 地 荂 摕人名

● 頗 抛 胳網丨

● 他 拖延緩也引也

●曾 鷒 鳥名 掣 |肘也

●入 鼃 人名

●時 砂 碎| 沙 水中泥| 鯊 魚名

●鶯 呱 小兒嗁聲 哇 吐也 蛙 水圭| 娃 姜女| 媧 女|古之聖女也 漥 牛嗁迹水 窊 溛 污下也 騧 曰馬黑喙曰|人季|八士

●門 ⿱罒毋 絑 人名

●語 漥 水流聲

●出 髽 髻|婦人喪服

●喜 花 華 草木之肥必盛也 嘩 譁 喧鬧 驊 |騮駿馬 醛 醉貌 苍 仝花

⿱竹咼字韻上上

●柳 藞 ⿱艹磋|泥不熟也 瀨 火|

●邊 墢 人名

●求 ⿱竹咼 篋|收系具也 踻 |躊行跨貌 宒 人名

去	地	頗	他	曾	入	時	驚	門	語	出	喜
●	●	●	●	●	●	●	●	●	●	●	●
跨兩股間又行不進也	炨人名	叵 泋人名	咑口｜也	帋 紙 絺告書冊曰｜	兂 邸人名	要戲舞｜ 徏迂｜ 𩣡所言有當 碼所言不當 砂灰｜	瓦土｜可以盖屋 蹠行不正也 倚依｜ 螘蜚｜	挽｜手	我自家	磋囍｜不中貌又不謹｜ 繟寬綽緩也	踝足骨｜ 腂地名 觟北羊角也

卦字韻上去

● 柳 瀨 水落淺處也

● 邊 簸 楊去糠粃丨也 簸 仝上 襬 衣丨

● 求 卦 伏羲所畫丨也 絓 系浩絹也 [illegible] 器也丨 [illegible] 衣外也 芥 菜名

● 去 挂 掛 懸也置而不用也 罣 礙丨 剞 剖丨 綺 股衣 跨 兩股間行不進也 舿 舟着沙不能行

● 地 帶 大丨

● 頗 破 裂丨 痦 病丨

● 他 泰 县名

● 曾 叡 人名

● 入 [illegible] 人名

● 時 攣 乳丨 颵 風聲裂也 續 接丨

● 鶯 搲 牽合也 [illegible] [illegible] 小兒啼 [illegible] 沃水

●門效怢人名

●語宂譍人名

●出蔡葾姓|

●喜化變|也造|也抓鐘橫木|佸哈|

割字韻上入

●柳揦手|捺手|捋仝上

●邊撥手擇|缽鉢|盂飯器又僧家所傳衣|

●求葛草名蔓生可為布割刈也嘓煩言也摑摢批|又掌具

●去渴乾也闊寬|

●地掇頳|輟止也

●頗潑長去水也鏺|到刈草器

●他獺獸名食魚汰淅|陶|榻床|

曾 泏 水丨出也 ⿰氵殺 揮散丨 剟 擊丨

入 啜 人名 ⿱雨隶 仝上

時 煞 凶神也 殺 斬戮也 杀 七丨八敗也 ⿰巾煞 中二幅丨

鶯 ⿰月畫 曲腳中也

門 抹 手揮摸丨

語 ⿰口⿰兀瓦 口丨也

出 軟 奪取丨 ⿰目西 ⿰目西 目跳也 擦 菜頭丨 瘂 瀉也

喜 喝 嗐 口出聲也

⿰木豪字韻下平

柳 籃 朱丨 簍 篗 竹器貯菜籠也 籮 竹器

邊 ⿰扌⿱癶木 木名 鯊 䰾 魚名

求 桍 ⿰木豪 木名

去 姱 美女

地 淘 丨沙取金也 遺 人名

頗 嫫 丨母黃帝妃也

他 ⿱竹匋 竹丨

曾 蛇 蟲名 撾 丨篏

入 尒 人名

時 鑼 鐸丨餅名也

鶯 ⿰瓜刂 刺也割也

門 勞 辛丨又勤丨 磨 去垢丨

語 ⿰王吳 現丨石次玉也 ⿱敖石 口丨

出 ⿰犭發 獸名似狐鼠尾也

喜 華 蕐 目迎五彩 驊 丨騮駿馬也 鏵 金也

秙字韻下上

●柳 賴誣｜又姓也

●邊 艕艇也

●求 秳麥不熟也 粿以索纏竹曰｜

●去 浮水名

●地 柁 柂 舵 舥船後具也 大小｜

●頗 襏身衣聲一背縫也 竉人名

●他 豸 蝤蟲名百蟲之總名也

●曾 𣈭田溝也 誓呪｜

●入 護大｜湯樂名也 汭人名

●時 流水落也夢中遺溺也 閔從門出入之貌 潟水｜

●鶯 話言語｜ 画 畵繪｜ 昼仝上 嚞山語

●門 䘸色欺｜

●語 外表｜ 嚄大呼 ●出 斈 𠂤相率｜

●喜 吳魚大口也 擭捕獸檻也折 撶木名 搲

窳寬大也又横不入｜ 喀吼｜

辣字韻下入走音

●柳 辣辛之甚也 𣅔界｜ 埒仝上

●邊 鈸僧家法器 拔兩人相打曰｜

●求 𤬪 䂂人名

●去 𧝞衣｜

●地 奪 絨人名

●頗 柭吊桶 抹肩｜頭｜

●他 濤水貌

● 曾 蛓 蠽 螺｜蟲名

● 入 熱 矋 目炎甚也

● 時 [illegible][illegible] 杀｜

● 鶯 活 快也死也 劃 刻｜

● 門 鮅 魚名 末 粉｜ 麩 質末屑也 鮇 食魚曰｜

● 語 蠘 蟚｜似蟹而小也

● 出 颬 風聲一曰小風一

● 喜 跬 趌 一舉足曰｜步 踤 跨越｜

卷四终

增補彙音卷五　江蒹交伽魁

21 江字韻上平

● 柳　朧　壠仇｜坑｜也

● 邊　邦｜國｜也　梆官司堂上所繫木魚　幇相⿰亻虫｜　挷助衛也　枋木板｜　幫以布襯鞋粘着履　崩山｜地裂

● 求　江水名又姓　杠木橋｜　工做｜　公相｜雞｜　蚣蜈｜

● 去　空虛也白音也

● 地　東｜西　冬四時之終　瑺玉名　佟姓也　苳　菄菜名

● 頗　香氣芬芳也　蜂　蠭毒名

● 他　窓　牕　牎屋中｜

● 曾　棕高疎無枝　鯮赤｜魚名　鬃髮聚為髻　椶木名

● 入　猣獸名

● 時　鬆放不緊也

●鶯 尪 尫神像丨 汪 翁姓也 夫丨婦曰丨波女

●門 蛖虫名

●語 ⿰舟卬舟名

●出 葱菜名 聰丨明也

●喜 烘以火潑乾物 魴魚名

講字韻上上

●柳 儱未成器也 籠竹器 朗明亮也光丨也 桹衣敝也 蘢草也

●邊 唪口高大笑也 綁丨琫縛 鞛佩刀上飾也 琲石次玉也 菶草木盛丨

●求 講丨謹究解也又丨告也 港水分流又水流丨 犺牛公丨

●去 頣 眶目

●地 董人姓 ⿰口走丨門水出處 ⿰月董肥丨

●頗 紡婦人治線也

●他桶盛水器也又拨｜

●曾鬃髮｜總理事｜

●入墋人名

●時褬衣敝｜摤投進｜

●鶯慃不通桶｜

●門蚊蝱虫名齧人肉也網｜巾

●語⿰馬亢馬頭高也

●出繱草冗

●喜⿰月共月欲明｜哄眾聲⿰風共｜風⿰亻翁戾｜

降字韻上去

●柳猣獸名鬞髮也

●邊放不收也白音也

●求降販也又鳥死也洚水不遊道而行即洪水也乃堯之時洪水氾濫天下

蝀石｜蛤蟆之屬

●去掐爪此也⿰木匣床｜

●地凍凝水結｜儅伴｜小廁也

●頗胖脹魚貌

●他疼苦痛也

●曾綜线｜粽糉角粿角黍

●入頳人名

●時宋姓｜送隨其去也

●鶯甕｜缶罋罌｜

●門⿰忄尨人名●語⿰扌戎手｜

●出⿰土嵏不耕南種也

● 喜 肛 腫人腸脹也 [疒尭] 腫臭 瞶 不明丨

覺字韻上入

● 柳 衂 鼻血 擉 以杖刺泥沙中取魚 橐 小袋丨 轆 加丨

● 邊 剝 削落也 駁 馬雜色也梓榆木名 北 東西南丨四方之一也 腹 身內又心丨也

● 求 覺 曉悟也夢醒也 角 獸名頭上丨也 桷 椽丨厝料 确 㱿 競勝負也 較 車相丨也

● 去 榷 桂也又橫木渡也 確 真實也堅不拔也 慤 恪 恭也 俈 嚳 急告也又帝丨 殼 壳 田丨皮也 [木壳] 藥名 麯 麴 酒母也又姓

頡 頭丨 戛 予丨也 珏 雙玉名

● 地 觸 以首相丨也

● 頗 [足匐] 伏臥丨 覆 俺仆丨 仆 覆也

● 他 答 竹器

● 曾 [目占] 照也

● 入 [虫柔] [土柔] 人名

● 時 𤖹 搠推丨也

● 鶯 偓促也又姓 沃灌丨瀝丨 鋈白金 喔強笑也又雞聲 握持取 幄覆帷也 齷丨齪局促也 渥潤澤也又霑霈也膏沐也 剭刑誅也

● 門 染丨污之數

● 語 歍人名

● 出 㱿口出赤也 察密計暗也 橑木名

● 喜 瀥水激聲水湧聲 㚖燥丨 殼六丨

昂字韻下平

● 柳 隴坑內丨 籠鳥丨 壟 礱岡丨磨丨 聾耳不聞也

● 邊 房內寢丨 馮火也 縫丨衣

● 求 跭人名

● 去 坑人名

● 地 同兩丨不異 筒竹丨 銅青丨錫丨 䯨骨丨 童小男子同烟丨 仝合丨也

● 頗 帆 舤船上迎風也 篷以竹為也又如葉覆舟車也 捧奉進也

● 他 桐木名子可作油 蟲 虫|豸

● 曾 欉|樹

● 入 猔獸名

● 時 郱姓也

● 鶯 紅赤色| 洪姓|

● 門 尨犬多毛也 厖犬厚| 霄高屋也厚實也人姓 芒菅花宗也

● 語 卬高舉也又升也 昂舉目視也 拓菖蒲 丁|也姓也

● 出 鏦合少食也

● 喜 降歸順| 行軍士之列 杭|州

共字韻下上

● 柳 弄戲| 笭人籠| 蛉虫名 玲|瓏聲也 朎腎|也

● 邊 捧 扶丨 蚌礲 虫名石聲

● 求 共 扶丨

● 去 骯 骨丨

● 地 重 不輕也 動 搖丨 ⿰重瓦 小口 硐 仝上

● 頗 隙 間丨

● 他 ⿱艹昜 魚丨

● 曾 ⿰扌夔 手丨

● 入 勤 人名

● 時 保 人名

● 鶯 窨 地穴丨

● 門 夢 夢 眼丨 望 遠視 網 取魚具也

● 語 岇 山名

● 出蓬草|

● 喜巷衖里中巷路也閧鬭閙聲也闀陌備也項脰|也條件又姓

髗字韻下入

● 柳[illegible]以指持物也菈蘿蔔|陸六數名皺皺抓也|矣菌|生田地蕈中搙捻|

● 邊縛綑|

● 求髗骨堅也護妄聲|

● 去殼喀嘔|

● 地毒害|碡磟|平田石濁水不清也

● 頗曝日晒乾也

● 他讀書|

● 曾誴人名

● 入胭|脂也

●時罰

●鶯篗籰纏紗之具也

●門木樹｜目眼｜墨文房之寶也茉花名

●語岳嶽山名又妻之父曰｜父鸑鷟鳥名｜鷟鳳屬樂音｜

●出鑿｜穿

●喜斈學書館｜生壆嶨山名多石礐廁池也斛十斗曰｜薂菜生水中

22兼字韻上平

●柳拈手輕取物也跕足輕行也踗同上

●邊⿰黑戠人名

●求兼｜并揔名也蒹｜葭也⿱兼灬同兼字

●去謙自卑而尊也嗛同上又厭⿰兼戈戈屬

●地沾水名又益也痁病｜苫茅草覆屋也又居喪之次詀多言也霑雨徧及也砧刀｜覘同上鉆鐵｜

●頗䫫人名

●他添增丨

●曾尖末小也詹姓也噡言語丨瞻仰視丨嶦山峯丨針鍼引線也鯰魚名熸滅也盡也占視也視兆以知吉凶也

●入髯髥頰鬚

●時懺好手也鑯孅紙丨瀸水有時小流也殲微盡也滅也鑯鑴鋒也

●鶯奄丨留又姓也淹漬滯也厭饜飲飽閹丨然殗丨歿擪檿木名即桑醃鹽漬魚物懕安俺無丨

●門黵人名

●語讝[illegible]人名

●出僉簽竹丨襝襜衣褐整貌幨丨幃懺同簽籤驗也又丨詩[illegible]豆丨

●喜膁馦丨氣也臭味也鍁丨上杴臿丨

減字韻上上

●柳斂收聚也臉面頰也瞼目上下丨也[illegible]欲近也淰水濁丨膁腰間左右虛肉丨澰瀲水满薟蘞白丨药名

昆 將皎也又光照 殮 人死收丨

●邊 㝵 人名

●求 減 損丨 撿 舉察小巡丨 鏺 丨銀 檢 点丨驗丨

●去 歉 食不飽也 慊 不滿丨

●地 點 点 字典書也

●頗 黶 黑也

●他 諂 丨媚也奉承 㰹 飲 愁不足也 忝 玷辱也 𧩙 言不定也 㖭 恭丨 舔 以弓釣取物也

●曾 蔪 草木丨包裹也 饏 味薄也

●入 冉 弱也又姓 姌姢 弱長又纖細也 苒 草貌 髯 鬚在頰也 染 皂物丨布也 柟 木名

●時 剡 斬削又光貌 煔 火光貌又舌出貌 閃 躲避也 陝 地名 夵 物丨不下少不平也因岩為屋

●鶯 埯 土覆物也 掩 揜 遮丨也乘其不備而丨也 扊 丨扊門開也 罨 網丨 渰 雲丨

●門 頗 人名

● 語 儼 |然恭敬之貌 孍 |女好 玁 |狁北狄也

● 出 鐱 |鐥花 艬 艬 船下基也 鍤 花也

● 喜 險 |隗 獫 犬長喙也

劍字韻上去

● 柳 拈 捻 |以指甲物也

● 邊 闇 |明

● 求 劍 劒 兵器也 薟 草名治喉痛也

● 去 欠 |缺也 芡 |實葯名

● 地 玷 玉有瑕也 店 |肆 墊 下溺也藏逃也 墊 𥨊 |屋傾 坫 屏障反坫之地 阽 壁危數墜也

● 頗 𥗼 人名

● 他 㐁 以舌|物 㐁 物上皮| 𦧇 舌吐出貌

● 曾 占 佔 |擅取

●入 阠人名

●時 瀸 瀸水有時出有時乾也

●鶯 厭倦也 檿木名

●門 鼸鼠屬

●語 蚙人名

●出 僣越禮丨分也 譖言不信

●喜 喊喝丨 婺圭丨

夾字韻上入

●柳 攝兼鎖也又姓 懾怕法喪氣 躡全跪也着履屐 躐丨等也 拉折推也 鬣馬頭鬃也 揑挐丨握丨 涅水名染色 蒆菜名

聶附耳小語也 囁口動私罵聲未出曰丨 箣竹丨 襵衣丨 灄水名雨露貌 啞口不能言也

●邊 讋人名

●求 夾扶持也左右丨輔 郟丨鄏地名 䛟妄語多言也 莢筯也 裌 袷衣無絮也又雙重衣袴 蛺丨蝶 峽瑞草也 悏 愜

姬快足適志也　篋箱也藏衣之器也　鋏　刦　刼強奪也又世數災恨也　浹周丨也　唊人訣

●去　壞破丨也白音

●地　聑安丨

●頗　殎人名

●他　帖東券安定也床前帷也　怗安丨也暖丨也　貼帮丨即然也專也

●曾　汁液丨　[illegible]小少丨　接承受交丨　椄續丨　緁縫衣也續也　睫目丨毛也　煠物湯

●入　顯　顳人名

●時　澀　澁下澤也　澀搖也　[illegible]口不能言也

●鶯　曄光耀也　燁　爗丨明盛貌又電光丨　饁餉曰丨

●門　裣人名

●語　擛捕魚具也　碟石丨

●出　妾妻丨　淁水名　接往來也　竊盜丨　窃私也盜也　霎小雨又雨停丨也

● 喜 熻噏氣熱也 歙欱熻氣 炠熁火迫丨 [illegible]石也

鹹字韻下平

● 柳 膁腳丨 簾笛障敝內外丨 鐮鉤鍥丨 鰜魚名 簷屋丨前也 廉廉丨潔不貪屬也棱角稍也 幨帷幕也 薕草名似蕉而細也

匳奩婦人盛香器也又粧丨也

● 邊 便人名

● 求 塩鹹醎塩魚

● 去 鈐丨均丨鋤也又星名 鍼線束物也 緘封也又索也

● 地 沉不能浮也

● 頗 鼸鼻丨

● 他 黏多及也 桔菾葯名 恬安靜也

● 曾 潛濳藏也又涉水也魚丨也 [illegible]魚名

● 入 緝衣緣丨 䫃鬚丨

● 時 蟾 ｜蜍｜ 棎 菓名味酸也 尋 八尺曰｜

● 鶯 鹽 海水煮成以調食物 櫼 木名可作船舵也

● 門 馦 ｜香

● 語 嚴 巖 莊｜敬謹也又畏憚 巖 凝塞｜ 岩 巖 山名｜ 閻 里也謂之閭｜

● 出 韂 鞍｜障泥

● 喜 嗛 厭｜ 忺 呼意｜ 嫌 不平于心也又疑也憎也

傔字韻下上

● 柳 念 常思也又姓 窆 下棺｜ 捻 ｜棒頭｜ 悥 謹也

● 邊 鐱 人名

● 求 傔 從使之屬

● 去 儉 朴也又勤 㑒 古儉字

● 地 簟 竹席也 墊 橫船器

●頗 ⿰氵⿱占心人名

●他 栝 柄 㮇炊灶火也 橝行也 蘸以物淬泥中也

●曾 漸稍也又卦名 蹔不久也 䟅同上

●入 ⿰女朵淮南呼母曰丨

●時 儋 贍足養老之資也 暹長進升也又悉國名 銛臿屬又利也

●鶯 焱 焰 燄火起丨 爓同上 艷 豔光美丨 炎熱熾也丨火上升也

●門 𪁪人名

●語 驗效丨 驗考視也又馬名

●出 㜞媚女也

●喜 𩯳人名

粒走音 字韻下入

●柳 ⿱艹⿰朩瓦草木蔬貌 粒米丨 㘝手取物也

● 邊 倸 人名

● 求 駁 馬行也

● 去 衱 又後裙也 跲 躓凝|

● 地 韘 射决着于右手大指以釣弦間體也 惵 恐懼 渫 波| 喋 ⿰口亲 多言也 牒 札也簡板書也又姓 堞 城上短垣也 蹀 履蹈行不穩也

疊 叠 疉 重| ⿰言亲 諜 間|令之細作 ⿰木疊 排收| 渫 決|水凍也

● 頗 鰈 魚名

● 他 謵 言不止又姓也

● 曾 讋 失氣而言也

● 入 廿 二十也 ⿺毛習 毛也

● 時 涉 徒行過水也 ⿰扌巫 揲 筮數著又閱持也

● 鶯 葉 姓也 偞 輕麗| 鍱 金鐵也 瞸 ⿰火号 光耀也

● 門 諜 人名

●語 業事功也產|也 嶫山高| 驜馬言大貌 鄴地名

●出 䖢心|

●喜 恊和|也 脇 脅人身左右腋又威力服人 洽浹|和| 俠任|相合又竝也 挾持掖也 狹隘也不廣也 劦 勰古|

23 交字韻上平

●柳 賿錢也 倜誘之便言也

●邊 包 咆|哮虎怒也 炰|焚氣健| 胞同|兄弟也

●求 交|互共合也 咬足小骨也又番國名 鮫魚名 嘐雞鳴 膠粘膏也又姓也 郊邑外也又祭天曰| 蛟龍屬一角又宿名 茭草名也又|荐

●去 敲叩擊也短林也 鬮枯|分取物也 忢|怓伏態也 芤草名又空旁實中虛 墝 磽地瘠又土不薄也平也

●地 挑不安靜又首鎧也又人名 挽|攪

●頗 拋棄也 脬膀胱| 攧草名

●他 偷盜竊也

●曾 糟酒丹也 櫂火燔飾|

● 入 ⿰月臭 人名

● 時 梢 木枝也又玉|名 弰 弓木也 艄 船尾| ⿰舟皮 刀鞘也 ⿰骨肖 法骨

● 鶯 漚 漬也水之深浮也 歐 姓| 甌 小| ⿰石區 石|

● 門 ⿸广卯 人名

● 語 ⿺鬼委 鬼神名也

● 出 鈔 抄 寫|| 勦 代大言也又取他人之言為己說也 樔 以箱取魚也 繅 繹絲也 操 練兵 ⿰言巢 代人言

● 喜 嗃 叫聲| 孝 高氣也 虓 虎怒目己| 嘐 誇言也 烋 氣健自矜

狡字韻上上

● 柳 荖 草名蔓生味辛合檳榔可食 鄛 斛|兵奪民物 鮱 鮓|魚名 老 |實

● 邊 飽 食|滿也

● 求 狡 姣 美好也媢也姓 狡 |滑詐也 絞 纏絆繞縊也又死刑 獥 狂健| 玖 九 數名 垢 油| 狗 家獸也

● 去 巧 好也技能也 口 人|

●地斗量名也抖打也䪷口下｜科｜梹	●頗䶕鈍刀也跑走蹴也蹘同上走也	●他餖豆｜黈｜黃色又人名	●曾㑿長貌走疾行螽蟍虫名食人血	●入鱳魚名	●時蒔草頭也敹擊攬也藕藕根絲也	●鶯嘔吐也｜㑃拗手打也鐢不順｜毆打也黝色不清也黝｜予扭斬也	●門卯辰名昴昴鳥蔡菜名	●語瀏水名	●出草木名楚國名謅弄言也	●喜哮吼號聲又牛鳴犼獸相食人也窙高氣	教字韻上去

● 柳憦懊恨聲也湫水|

● 邊皰目怒開也哅|洿醄酒色靤面上瘡

● 求教訓示告語|也校角比登檢也又考|珓神前杯|也較相角也不等也

● 去叩頭也扣除也敂同上又手械哭啼|

● 地乡合得也閛械|爭比也午日|鬭|氣鬪同上

● 頗砲機石也砍|泡水沃疱腫病|麭見上炮火|袍衣也|

● 他透相通也𧼮蟯|𧺆自技|

● 曾奏上陳也灶竈炊|

● 入𥦗人名

● 時嗽咳|喉病氣上逆也哨巡|掃除|

● 鶯懊|恨也噁怒也拗拘戾相達|也詏逆言也

● 門漊人名

●語 餡食丨

●出 湊合丨 臭丨味難堪也

●喜 孝善事父母曰丨 涍水丨

銿字韻上入

●柳 齩噬也 逯狗食也

●邊 皺 𤘽皮起 粶火爆米也

●求 銿 砙量油氣也 𩜁合食 蛹虫丨

●去 嚱口丨也

●地 沰水火丨

●頗 臕 膞肥丨

●他 等竹器

●曾 踕跳躍也雙足齊跳也

●入 梥人名 ●時 嘞口丨

●鶯 噓口開也 ●門 聊人名也

●語 猇獸名

●出 刷人名

●喜 𩨊骨長滿也

猴字韻下平

●柳 鐃僧法器丨鈸也 楼 樓層屋 劉姓丨

流水漂物白音

●邊 庖宰殺烹炙之人也 炰 炮置物火中以熱 苞谷撞甲而未折也

袍長衣襦也 匏瓠丨 炰氣健 咆哮丨長聲 鮑魚名

●求 猴獸名似人 侯姓丨

●去 愨愨人名

● 地 投擲也 骰白音

● 頗 琑玉名

● 他 髟頭首也

● 曾 巢鳥室曰| 勦殺也 剿徃| 璅湖名 譟代人言

● 入 敨僥人名

● 時 藉木名

● 鶯 喉咽|

● 門 犡小牛也

● 語 皴皮緊也 賢多才能也 贀同上

● 出 墫|踢池名 揪手|

● 喜 歊物好煮先|無熟

厚字韻下上

● 柳 吏閙喧閙不靜也 漏更| 老多年曰|

● 邊 謙|謙惡也 皺手擊也 鉋平木器也刈钢刀也

● 求 厚不薄曰|

● 去 砍石聲

● 地 荳五穀|名 弫領| 豆同荳

● 頗 抱懷|

● 他 唔啞語惡而不納也 餃不可嗜也

● 曾 找撥船尋|還| 掉搖動也 淖泥和也又姓也 艒船中具也

● 入 消人名

● 時 甈玉聲

● 鶯 後不先也

● 門 熰炮|又燰也

● 語 藕 ｜粉

● 出 蓮 草凡

● 喜 傚 㑽 效 ｜沬也 劾 ｜駁也 校 學｜ 恔 快樂也 候 氣也 鱟 介虫海族也 斆 教｜

雹字韻下入

● 柳 朳 木｜

● 邊 窇 人名

● 求 軳 車｜

● 去 嚳 礉 硫｜名不定也

● 地 ⿰口還 口｜

● 頗 雹 雨｜

● 他 䪥 鞋聲

● 曾 噪 口不足也

• 入 果 人名

• 時 蒚 草丨

• 鶯 嗚 鳥名

• 門 貿 人名

• 語 訝 口欲言

• 出 瀕 水聲

• 喜 骺 骨

24 伽字韻上平

• 柳 瘤 手足病也

• 邊 戕 裁 人名

• 求 伽 西域國名 迦 釋丨尊佛名 跏 丨跌屈足坐也

• 去 奇 單數

• 地 爹 父也又丨娘

• 頗 謶 人名 • 他 詏 人名

• 曾 差 夫丨差王名 嗟 嘆詞 槎 研也又浮也 罝

罝 罟也所以掩兔也

• 入 遮 蔽蓋也

• 時 賒 無現錢買物也 些 少許也

• 鶯 眩 人名

• 門 䰰 鬼貌 • 語 諸 人名

• 出 奢 侈也 哆 張口貌 蛼 丨螯蟲名也 硨 丨磲頂名也

車 輿也 榨 油車丨 撦 裂開

• 喜 靴 鞮屬草復也 櫶樴 器物也

者字韻上上

●柳 芀人名

●邊 弼輔|

●求 空音

●去 柪木名

●地 奲奢|

●頗 鞠人名

●他 秒人名

●曾 者語助詞也 媎 姐蜀人呼母曰|又大奴亦曰| 赭赤也

●入 惹誘亂也引事也 ⿰口惹敬言應聲又拜而不跪也 ⿰口余應書聲

●時 舍止也棄也 捨|施也 寫|字也 炧 炨燈燭也

●鶯 也決辭也 埜 野郊外也 冶鎔鑄也又鑪

●門 揶 莳人名

●語 呀驚異聲

●出 偖裂也 ⿰奢鬼醜惡| ⿰奢鬼魂鬼 奲寬大

●喜 ⿰口靴靴也

寄字韻上去

●柳 鑣人名

●邊 絔人名

●求 寄托倚也

●去 ⿰几見人名

●地 ⿰米翟 ⿰土夜人名

●頗 葦人名 ●他 蝢月支也

●曾 借|閱|用 鷓|鴣鳥名 炙火|也

樜木名菓名 遮|蔽也

●入 偌 人名

●時 舍 旅館止行也 赦 宥也 卸 脫車解馬也 瀉 泄 瀉 吐

●鶯 翗 身|

●門 椵 人名

●語 空音

●出 覩 奢見

●喜 ⿰目复 人名

革字韻上入

●柳 剽 破也折斷也

●邊 壁 墻|

●求 革 俗| 莢 莖|

●去 隙 缺也孔也 缺 物打成|也白音

●地 摘 輕折也|花也 ⿰糸斥 措 以繩維持也又手|

●頗 僻 偏|遠陋也 癖 性有所嗜

●他 折 喞也 拆 開封也

●曾 隻 數禽獸凡身也 跡 迹 行過| 脊 尻|骨也

即 令|也

●時 削 損也又刀刻也 錫 白金也 ●入 榒 木名

●鶯 益 利進 抑 水出也

●門 ⿰金那 人名

●語 擮 以椎剎起也 躆 以足蹴起物也

●出 赤 白|又棍|脚 刺 刺綉女工也 ⿰土差 削土也

●喜 嘞 口|

夯字韻下平

●柳⿰耳殳人名
●邊笆竹器
●求夯有力 崎地名 掮肩擧也
●去騎乘馬
●地⿰礻茶人名
●頗⿱人乎人名 ●他佘人名
●曾奤奤大口丨
●入⿱羽日人名
●時邪心不正也 ⿱人禾 畬山田也又姓 蛇毒虫
●鵞耶疑辭也 鋣莫丨寶劍名又木名 梛
椰木名高數丈者面相似 爺尊稱
●門⿱人尒人名

●語蝺⿱沙虫丨 蜈丨蚣
●出斜歪也 ⿰石虘石也
●喜⿱宀瓦人名
碕字韻下上
●柳沠水聲
●邊空音
●求碕石丨 崎嶇也峻也
●去竪人丨 竪丨旗 居人屋也 豎同上豎又序立
●地哋人名
●頗⿰舟頁舟名
●他迾走也
●曾藉借也又丨端也又蘊蓄有含蓄包容之意也 謝姓

● 入 偌 姓|

● 時 榭 麝 獸臍有香為迫逐則自爪去香知有珍也獸死四足保臍 樹 水築之臺

射 矢弋物也又姓 澍 花凋殘也 社 里名也 謝 答|也

● 鷥 夜 昏| ⿰炎支 以手散物 也 決詞也

● 門 蛚 虫類 ● 語 呀 張口也

● 出 紤 以繩維持也

● 喜 瓦 蓋屋之物 蟻 虫

屐字韻下入

● 柳 簏 笭| 拏 拿 捉 捕 擒也

● 邊 迋 人名

● 求 屐 屐 木| 攑 提|也

● 去 焀 火貌也

● 地 糴 買五穀也

● 頗 甓 瓦| 癖 小兒痘症也 鼊 大龜也

● 他 掞 火燃也

● 曾 食 飲|

● 入 楉 木名石榴也

● 時 魰 魚名 席 筵| 碭 |硯

● 鷥 易 |經 蜴 蝶 虫名 瘍 喉鼻之病也 驛 |站 帙 冊|

● 門 惹 亂也

● 語 額 有存中|

● 出 策 由杓也

● 喜 額 門|

25 ⿺鬼丑字韻上平

●柳⿰酉委丨飯

●邊杯盃桮飲器也飛禽翅躍丨

●求⿱艹魁草名也

●去魁丨元又姓⿰扌灰火丨盔丨甲⿱艹⿰耒斗丨藤悝大病丨詼調謔

●地⿰火追燖毛也

●頗坯坏燒陶瓦也醅酒丨⿱一⿵冂夊肉鬱末成醬也丕材丨也白音

●他煺火聲

●曾襊衣丨

●入咴丨聲也

●時衰微也弱也蓑棕丨雨衣也⿰衤衰喪服也冉古丨

●鶯葨偎受也隈渨水曲也剮割也煨偎回遠之貌猥鄙也犬聲愄心中丨蓋鍋銅⿰𠂉咼硿丨碨磁丨也

●門酶酒母

● 語 詭異也詐也戾也又責也

● 出 吹口出氣也又鼓｜也 炊火蒸物也

● 喜 灰蚌殼為｜粉也 虺小蛇｜隤馬病 ⿺尢差古｜

粿字韻上上

● 柳 餒飢餓 餧 鮾同上魚臭味也 ⿰歹妥不平不知人也 娞媞｜好貌

● 邊 ⿰亻罷停｜ 擺手分物也 ⿱拜手手分開也 ⿰忄否｜持

● 求 餜 粿餶品 碻以石上之使其高

● 去 踝婦人拜也

● 地 攭轉｜也

● 他 褪退衣也

● 頗 ⿰亻否不可也 ⿰口否相爭之聲也 啡臥息吐氣聲

● 曾 ⿰氵最影動也又水動貌

● 入 汭 水相入也又水井曰丨又水曲流為丨 味 以言相造也

● 時 姟 婦女不正也

● 鶯 𡖖 多也 矮 短也不長也

● 門 每 常也 尾 首丨 浼 污也水流平也 買 丨賣 浘 水流貌也

● 語 峞 崩也

● 出 髓 骨中丨 膸 豬丨

● 喜 夥 丨記 鍋 人名 火 炮丨氣也 悔 反丨又丨恨也

● 柳 羸 人名

檜字韻上去

● 邊 貝 介出身有文彩曰寶丨 萯 丨草葯名 背 身後曰丨 邶 國名也 褙 丨褡襦也 輩 等列也 褙 同上丨褡 唄 誦梵音也

吥 目不明也 輩 並丨

● 求 儈 牙人也合市人買賣之計也 劊 丨子丨 刽 同上 鄶 國名又姓 澮 水涯溝也 噲 咽快也又姓 獪 狡丨 懀 悶也心也 檜 木名

薈 草丨盛貌 膾 牛羊以魚腥也 鱠 魚名 髻 蜷丨髮

●去 擨 揭衣 蹶 跌丨 課 教也又文章也

●地 從 隨丨 對 答也敵也

●頗 配 丨偶合也

●他 退 逷 進丨也

●曾 最 尤勝 贅 進丨你家完婚也

●入 倭 人名

●時 歲 年丨 帨 巾丨 祟 鬼神作禍也 稅 租斂也又姓 帥 主將元丨 祟 禍者人之丨者神自出所召神也以警人也 𡵂 古歲字

●鷩 濊 君入水中 噦 車鑾聲也 𣩵 殘了死納也 穢 甲出草荒蕪也 翽 鳥飛聲丨也 饖 飯湯熱也 嘒 蟬聲和也

●門 䅘 饋也

●語 㔟 人名

●出 噶 囓丨

●喜 誨 教丨 痗 病丨 貨 丨物 頮 洗面丨 歲 年丨白音

郭字韻上入

●柳 曦 大飲也

●邊 呹 小吉又飲謂之丨 琲 珠十貫為一丨

●求 郭 姓也 郲 刮 以刀去其污也 蕨 草名根可作粉

●去 鈌 小也 瞽 眼睛不開也 碱 丨破 篋 箱小也 缺 少也器破也

●地 豟 龍尾

●頗 困 垂聲也

●他 粿 屑也

●曾 擺 拉也

●入 搙 手丨

●時 說 講論也又以言他人 訫 同說

●鶯 掗手｜物又抽取也

●門 梅 酶酒母也

●語 玥神味也

●出 歠大飲曲禮母流｜

●喜 血氣｜

培字韻下平

●柳 羸｜弱 膘膗形貌醜也

●邊 培益助養也 陪隨作也又｜臣大夫 棓減也又｜克聚斂之臣也 賠補也 ⿰革咅佩刀上飾 裵 裴衣長貌又姓

●求 ⿰多火人名

●去 ⿸疒巷手足曲不能伸

●地 兊聚也真也相交易也 ⿰日兊｜舒｜緩 隤馬病不能行也 墤落也捸也 魋獸名似能而小淺毛也 ⿱艹隤 蘈草名 ⿰風貴 頹

頹暴風也又馬病不行也

● 頗 皮 草丨

● 他 焻 熴 燎毛也 痥 腿不丨瘡也

● 曾 摧 挫也折也 慛 憂傷也

● 入 蕤 草木花垂貌又丨賓律名五月節也

● 時 床 下丨屋也 垂 被葉枯也

● 鶯 䅗 穀名

● 門 梅 花名 媒 謀丨 煤 炲丨又烟墨 禖 媒神 䳍 鳥丨誘鳥群也 枚 枝幹也 坆 古丨 鰴 魚行貌 徾 物久生青黑色也

酶 肉醬未成也 囮 盜夥作引也 脢 肉在心上 鋂 子母環也 霉 雨丨

● 語 銅 器丨

● 出 槖 重擣也

● 喜 回 還轉也 佪 徊 徘丨不進之貌 洄 水逆流而上也 廻 轉丨也 和 和尚 蛔 蜖 人腹中長虫也 茴 丨香葯名

内字韻下上

● 柳 內外｜

● 邊 偝 背違｜ 邶國名 倍同上重｜也又鄰｜疾戾之言 焙以火熘｜ 昁星也日不明也 悖逆也乘亂也 斾 旆旆飛揚之貌

珮玉｜ 誖｜亂 佩大帶也玉｜也 瑁玳｜介虫甲有鱗可飾器 狽狼｜也｜前兩足短後足長也 倍古字

● 求 穤稻米黏也 易不難也

● 去 函 凷人名

● 地 兌通直悅也 苧皮可為衣也

● 頗 被寢｜

● 他 佗｜然生處貌 痿病也 涚過水再洗清也

● 曾 罪｜過 皋捕魚器也

● 入 睿 叡深明通遠也 銳利也又｜聲 蚋蚊屬 芮水名又水涯也又章生貌又國名 枘木端以入鑿孔也 坳深靜｜也

● 時 涶物流下

● 鷩 衛方禦也又國名

● 門 沬 小星也微晦也水名 魅⿰鬼山 老精也人面鬼身四足 ⿰火囟 爛｜

昧 不久也 妹 姊｜

● 語 外 裏｜ ● 出 尋 覔 搜求也

● 喜 會 合也 繪 繢 畫也 岃 古文 滙 水｜合又同會

粿 走音 字 韻 下 入 粿走音以漳腔呼之與上粿字方不相混

● 柳 ⿰口粵 唶 口｜

● 邊 詙 人名 拔 手｜

● 求 ⿰飠會 水不清也 𠂤 人名

● 去 噘 以火熟水也 ⿰火奎 人名

● 地 痥 病也

● 頗 沬 水流也 堛 田也

● 他 ⿰镸蚤 人名

● 曾 ⿰氵罪 人名

● 入 ⿱艹對 人名

● 時 請 言｜

● 鶯 唷 ⿰口豈 吐聲 割 破裂也 ⿰禾會 糠也粗也

● 門 袜 襪 脚衣

● 語 月 太陰

● 出 ⿰米尾 饘也

● 喜 风 風火 ⿰阝風 人名

卷五終

增補彙音卷六　葩龜箴璣趨

26葩字韻上平

●柳嘮嘐｜別地名

●邊巴大蛇也吧大口貌又番邦名葩芭花也豝牡豕也豝牡獸也

●求膠粘膏也刲割｜也筊｜歷鵁水鳥佳善也

●去足脚四肢也一也

●地礁海島也又地名乾不濕也

●頗脬膀胱也髱髮也

●他㳷人名

●曾潪污｜不潔也㪏酒｜

●入昐人名

●時柵木名

● 鶯鴉鵶 烏名又｜片 阿 親也又姓 啞 嘔｜小兒學語

● 門疤 瘡痕｜ 腜 肉｜

● 語貑 獸名

● 出差 爭｜不同也 叉 兩手相｜也 嗏 語詞

● 喜吠⿰口靴 口出氣也 嗄 ｜勞副地｜名

把字韻上上

● 柳⿸广乍 人名

● 邊把 兩手握｜ 飽 食不足也

● 求絞 縛也又說見上 ⿸疒交 腹中急痛也

● 去巧 奇怪也

● 地搗 人名

● 頗⿰冎羽 人名

● 他⿰舟少 船｜

● 曾早 晨也又先也 蚤 同早

● 入奼 女名

● 時洒 灑｜

● 鶯瘂啞 不能言也 仔 呼人之名麼｜白音

● 門⿺辶巴 人名 ● 語蘜 人名

● 出炒煼 乾烹也 ⿰𠦝羽 毛虫也

● 喜⿰口間 犬吠也

豹字韻上去

● 柳幓 ⿰巾句｜少兒幅 鬖 髿｜髮又乱｜也 蹃 小兒始行也

● 邊豹 虎所生也 欛 刀柄也 覇霸 把持也諸侯之權柄也

弝 弓附中手執處 壩 障水堆也 灞 水名太公釣魚所也

● 求教人|

● 去扣擊也又牽馬也

● 地罩罩捕魚器也䍜覆鳥具也

● 頗怕畏懼也帊帛三幅曰|

● 他眇天犁榜

● 曾詐詭|

● 入謈|課惡也

● 時灑洒掃也

● 鶯亞次也婭兩壻相謂曰婣|

● 門空音

● 語貏豸也

● 出仛驕逸也侘失志也詫診誇言狂也鈔鎈錢之別名

● 喜 虖虎怒聲也 嘑出陣之貌 ⿰阝虖人名 鏬同上隙裂也 孝義｜｜順

甲字韻上入

● 柳 甾水流貌也

● 邊 百｜｜ ⿰石匇石｜

● 求 甲天干之首 胛肩｜ 袔襦鎧｜也 舺艋舺街名又舟 ⿱亼甲古字

● 去 擭 籗取魚具也

● 地 搭寄｜ 剔｜釣

● 頗 打 撲責｜ 朴同上

● 他 塔物墜聲又浮圖也 ⿰糸曷以索牽物也

● 曾 抸擊抄 鉔鉄｜也

● 入 ⿰豸妾獸名

● 時 空音

● 鶯押 管束也 鴨 獸名 ⿰鳥巴 水鳥也 閘 水開丨

● 門肉 猪丨

● 語魕 鬼名

● 出挿插 栽種也又花丨 ⿰禾臿 同上 喢 多言也

● 喜⿰口或嚇 大笑丨

勝字韻下平

● 柳朥膋 腸間脂油 鯪 鯉丨 ⿰月膋 油丨 醪 酒丨

● 邊舥 浮梁也 ⿱竹色 五齒丨用以取物也

● 求教 人名

● 去惡 丨㥬伏態也

● 地⿰月臺 謂逆刳木曰丨也

● 頗炏 火盛也

● 他淜 丨消峻波也

● 曾䄍 年終祭名也

● 入皅 草華白也

● 時鰺 魚名似鯧四足魷魚尾也居在崑崙山脚

● 鶯唉嘗 口出聲

● 門猫 獸名 痳 丨風氣血不行

● 語⿰石亞 石名又碾丨地不平 牙 齒丨 芽 草木萌

● 出⿰言人 許拏 柴 丨木 查 巡行也白音

● 喜繕 以索束物以帶束腰 遐 丨邇 蝦鰕 魚丨

咬字韻下上

● 柳耮 摩田器 ⿰目良 曝 攋 擊物之器

● 邊罷 休已廢黜了 爸 子呼父曰丨

● 求 咬 齩 齧也

● 去 愘 丨恀多伏計也

● 地 秅 禾百耒也

● 頗 泡 水滾下確

● 他 晱 晶熒貌又矆晱電也

● 曾 乍 初也忽也猝也甫然也暫也

● 入 爕 火大光之貌

● 時 呩 欲也好也

● 鶯 喏 應聲也

● 門 ⿰白色 ⿸穴色 色不正也

● 語 ⿰口叚 咽也

● 出 泾 水甫也

● 喜 夏 春丨秋冬四季也 厦 地號名

欿字韻下入

● 柳 獵 逐禽也 蠟 蠟 丨燭蜂丨

● 邊 礉 機石也

● 求 欿 水不能行之貌

● 去 瘦 湖丨物阻滯也

● 地 踏 走踐也

● 頗 鉋 正木器也

● 他 疊 重丨 鍩 丨镸

● 曾 牐 閘 小門隔水曰丨 澐 水名 截 丨盱

● 入 空音

● 時 炠 以湯熱物也

● 鶯 匣 匱｜ 囲 柙 藏獸具也 盒 饌｜

● 門 謎 誷｜語笑貌也

● 語 嗙 ｜命言也又多言也

● 出 蹨 ｜跱行難進之貌也

● 喜 空音

27 龜字韻上平

● 柳 嘍 頭穿直曰｜

● 邊 㗭 貪者欲食之貌也

● 求 龜 亀 鼀 甲虫有壽 帊 ｜帊小兒帽也 艍 船也 卤

● 去 邱 姓也 坵 田段｜ 祛 ｜決 抅 ｜究也又｜束

● 地 蛛 ｜網 鼄 同上 猪 家畜｜ 豬 同上 株 木杖在上

● 頗 呼 吸聲｜

●他 制 插刀置也

●曾 朱 正色又姓 珠 ｜珍 硃 ｜銀 銖 秤量各廿四兩 茲 次也又黑色也 滋 薄也多蓄也浸｜也 孳 生息也汲汲也 孜 勤受也汲汲也 鎡 田器也

茨 ｜茅 姿 體態美也 咨 諮 嗟嘆也 粢 黍稷之盛曰｜ 資 藉也助也 菑 不耕之田又田一歲曰｜ ⿰禾甾 禾死也 緇 重載衣服軍輜之車

茱 ｜萸葯名 髭 鬚鬍 藷 甘蔗也 洙 水名 侏 儒短小也 貲 ｜財 趦 不進｜趄 訾 ｜毀 諸 ｜侯

●時 思 ｜念想｜ 偲 督責也多鬚也 顋 面頰也 斯 此也又語詞 嘶 馬鳴 凘 水解流也 師 二千五百人為｜ 司 ｜主 笥 斗器

●入 嚅 日光也

私 為己不公也 颸 涼風 顋 領下 腮 ｜香 皀 古字

●鶯 污 汙 ｜下之地水所聚也 迂 迃 遠也濶也 圬 杇 塗墁器也 ⿰足于 踞也 紆 曲綰｜ 肟 脚｜

●門 媸 妻俗呼母曰｜

●語 咮 譽｜多言貌

●出 虒 獸名似虎又角 疽 生瘡 趨 疾走也 蚩 ｜虫又水也 雌 ｜雄

●喜 夫 ｜子 玞 石次玉也 孚 信也又卦名 琈 美玉 桴 ｜筏 罦 捕鳥器也 膚 身體 旉 敷 布陳施 俘 思取

痛 疫病不能行也 鈇 銼斫力也 稃 粗糠 呴 吹也 麩 麥皮

韭字韻上上

● 柳 你 汝 我之對也 女 丨子也 旅 軍丨也又行列 屢 丨次也

● 邊 斧 丨鉞

● 求 久 古舊也非暫也 韮 葷菜也 舉 丨用 莒 筥 筐也

● 去 簌 竹落丨

● 地 抵 丨達脚夫之具也

● 頗 䃕 飛也 蜅 土丨虫名 [illegible] 目不甚明也

● 他 詓 聲也 杼 機丨 貯 收也 佇 丨立 褚 許丨人名

● 曾 子 丨嗣 仔 克丨也又丨細也 耔 壅禾丨 梓 木名可為琴瑟者 胾 切肉丨 主 丨人

煮 炊飯 楮 紙也

● 入 乳 泉腔丨 愈 痊也 茹 竹丨

● 時史籍也記載之書又姓 使|用 駛駕船 死歿終也 暑寒|

● 鶩宇|宙天地也 雨風| 羽鳥毛| 與以物|人 禹人名

● 門武威勇剛強也 鵡能言之鳥也 儛憮悵然之貌 娬嫵|媚 撫搜也 侮|慢 潕水貌 廡堂下周廊 碔石次玉也

膴肥美也又全體 舞手同|

● 語䎿|也 語言| 圄囹| 禦|侮也又|人以口給

● 出此茲也彼之對也 鼠鳥| 玼|鮮也 取採| 處|置

● 喜府藏| 脯肉乾也 黼|黻文章 甫大也又章禮冠也 釜鼎| 俯頭曲下 腑人身六|也 晡 腑肺| 盙

簠宗廟盛黍稷之器 許諾也肯也

句字韻上去

● 柳毦鳥伏卵也

● 邊富多財也

● 求句文辭處也 倨佶| 鋸刀| 屨草履也 據憑|

● 去 去 來往也

● 地 著 |現

● 頗 呿 臥聲臥則||又張口貌也

● 他 駐 馬伯石不能行也 屋 直開也

● 曾 註 訓釋也 蛀 名名 疰 病也瘤也 駐 馬立也 霔 時雨也 剚 插刀|也 漬 漚浸也又獸死曰| 鑄 也又國名又姓 翥 飛翔也

屛 馬後左足白也 注 流|

● 入 嬳 作姿態也江南謂之尹山東謂之|

● 時 四 數名 泗 水名 駟 一車|馬也 賜 錫也 㵣 障水之門 肆 設席曰|筵又放|也 使 聘問之人 庶 |人 絮 棉| 恕 忠|

● 鶩 隝 塢 船所居之處 煦 日氣

● 門 䟢 跡也

● 語 噁 暗|怒貌也又叱咤也

● 出 次 亞也 厝 居住之所 凥 古字 處 処 何|也

●喜 仆偃伏也 訃告喪也 赴超就也 付與也

傅師｜ 副佐｜ 賦詩｜不歌而誦又｜稅也

[口枯]字韻上入

●柳 [足聿]｜脚行不進也

●邊 桻 枏木再生芽也

●求 [口枯]氣咽也

●去 吱行喘息貌也

●頗 噭氣就也 ●地 椊插

●他 哹雞聲也

●曾 泏水出貌

●入 [毛束]毛 [毛朮]氍覦也即毛帽也

●時 咰口束物也

●鶯 [口餐]喉也

●門 [麻足]跡｜也又姓也

●語 [宀爿無]寢語也

●出 [氵卆] 淬水入火中異水合 焠以冷水堅水合也

●喜 怴狂也怒也

鎳字韻下平

●柳 鄭鄉名在南陽 驢｜仔 廬草｜ 艫舳｜

●邊 匏瓠｜

●求 鎳除去｜ 怐見｜ 衢街｜ 渠水｜也

●去 跠屈足木坐也 蹲雙足少屈也官音

●地 除｜去也 厨庖｜烹飪之所也 蹰踟｜行不進｜也 屠｜宰也又｜房

●頗 浮物在水上 巷姓也

● 他 鋤除草器具 勳事投也

● 曾 慈愛｜ 鷀 鶿鸕｜水鳥也 呲 屁 餈嫌食｜ 冊呼雞｜

● 入 燸溫燒也 鱬魚名人而魚身 如｜然 洳水｜ 臾須｜ 儒士者之稱 孺人名 茹竹｜藥名 㒒古字 俞｜久

● 時 伺候察也 祠祖廟也 詞言｜ 嗣有子孫曰繼｜ 殊異別也 辞 辭却而不受也 殳杖擊兵器 投同上

● 鶯 盂飯器也 予我也 餘有｜ 余我也人姓 雩廡｜地名

● 門 無沒有也 毋禁止之辭 巫祝也能降神也 誣以無為有詐｜也 芜草名 廡大屋四邊垂帘也

● 語 牛耕畜也 嵎山頭也 虞不｜無備也 愚痴｜也

● 出 餈嫌食貌 疵小瑕

● 喜 芣｜苢車前草也 符契合也信驗也 泭 游編木渡水 捊各度｜ 扶助也持也 玞 琈石次玉者 芙花名 鳧水鳥也

紑交鮮潔貌 魚｜蝦 俘囚取也 蜉飛蟻也名曰｜蝣朝生暮死 烰火氣也

舅字韻下上

● 柳 呂姓也 囚動｜ 侶同｜

● 邊 毴 掩 鳥伏卵也

● 求 舅 母之兄弟曰丨 舊 不新也 具 器丨也又丨物 俱 丨有

● 去 臼 舂米器具也 懼 愳 恐丨

● 地 閞 門丨也又動 筯 榕物也 箸 匙丨飯具也

● 頗 硧 翢 飛聲

● 他 粎 丨木金也

● 曾 自 己也從也 住 止丨也 茬 山名 聚 丨會 柱 樑丨

● 入 孳 古丨 字 文丨 牸 牝牛也 羜 牝羊也 裕 充丨

● 時 士 儒者之稱 仕 官者之稱 食 飼也 飼 食養六畜也 飤 同上 佀 古似 似 象類也 姒 兄弟之妻曰同丨 粎 耜 耕田器

涘 水涯也 叜 古丨 樹 丨木 祀 祭丨 事 奉養也世務也 俟 竢 待也又獸名又姓 觬 兕 光 𠒋 野牛也角可為凿

麀 鹿三歲曰丨 光 古字 曙 丨色天明也 署 官丨又丨印 緒 綸丨 序 丨文

● 鶩 有 存也無之對也 預 丨防 豫 先丨 𤡬 𧰼 古豫字

● 門務 事專用力也 敄 強也相勉力也 㡔 伏髮也乖又土巾也覆衡也 嵍嵍 山名岳也 瞀 目不明也 霧霚 地氣上升天不相應而成

騖 馬亂馳也 鶩鶩 舒鳧又家所畜也

● 語遇 相遇 寓 |所 御 臨|車也又| 譽 毀譽也褒獎也

● 出竈 穿壙也

● 喜苻 葯名 駙 副也王之女壻曰|馬 鮒 小魚 輔 扶助也又車旁大木 腐 豆| 跗 足背也 坿 白| 詂謝 言有所依| 柎 榆|木名

祔 合食于先祖又合葬 父 生我之人曰|母 婦 女已嫁曰| 媍 同上 蝜 鼠|鯱城虫名 負 以背荷物也又狐| 偩 衣象也 𨸏阜 大陵|

埠 墟也又|頭 附 寄托也又張|也 蛗𧒂蝜 虫名 賻 以貨遺喪也 袝 |領

啪字韻下入

● 柳恕 瞳|行無康隅也楊用修曰俗|戲體肥者為|子

● 邊𥏼 短人也

● 求𠱸 吞|咽物也

● 去迷 |走|又姓也 哪 咳人出聲也

28箴字韻上平

●地抚碍也 劊刺人也

●頗脬有肥

●他淄水名在閩中水清如鏡可除紬緞

●曾呲嫌食 欿飲食聲 飵相淐聲

●入迠乍行乍止走之也

●時[illegible]口滿食也 磖數也

●鶯誧呼人也又胡罪也

●門空音

●語沐水名在瑯琊

●出嶋鷩鸀|水鳥張揖曰鸀|似魚虎

●喜欻風有所起也

●柳㱃小飲

●邊瑊美玉也

●求金寶也五行西方之位 今古| 惍利也

●去欽|敬 衾 襟單被也同|文曰| 衿同襟袵也

●地并投石井中聲

●頗彨文貌

●他琛寶玉

●曾箴針鍼縫具也 簪笄冠飾也

●入紝|織也又齊也

●時参蔘葯名 森木盛也

●鶯音聲| 陰|陽 瘖|瘂 喑|泣

●門涔山名

● 語 柃堅固也
● 出 深水不淺曰| 侵以強攻弱也 駸馬病行也
● 喜 忻喜| 歆神享 欣同忻

井字韻上上

● 柳 凜色懼也 廩倉|
● 邊 髕膝端也又刖刑
● 求 錦帛有文菜曰|
● 去 噤|口|也
● 地 漌 井投物水中也
● 頗 彲文貌
● 他 䫖|纇快劣
● 曾 枕寢用以掛頭

● 入 忍殘| 袵 衽絹帛之屬 餁熟食也烹調得宜
● 時 審|詳究實也 沈地名又姓
● 鶯 飲食歠也
● 門 嘾口合不開也
● 語 趛低首疾行也
● 出 寢臥也 鋟刻板
● 喜 空音

譖字韻上去

● 柳 空音
● 邊 空音
● 求 空音
● 去 空音

噌字韻上入

● 地 鴆 毒鳥名其毛瀝酒人食死 瓝 瓜青皮色曰丨

● 頗 㮶 木名

● 他 疢 頭疼也 䫌 私出頭也

● 曾 浸 漬丨也

● 入 䐟 胸丨也

● 時 滲 寒丨也

● 鶯 蔭 茈丨

● 門 覗 私出頭視

● 語 噸 首動丨

● 出 瘵 廕丨大屋

● 喜 歘 木名漢有劉丨

● 柳 雴 霄大雨也

● 邊 撍 挽也

● 求 急 迫也 級 階丨也又首丨 給 供丨也又往 彶 遽急

● 去 汲 引水入井也 伋 同急又姓 泣 啼丨 吸 呼丨 笈 書箱也

● 地 喥 唱聲

● 頗 楪 木名又似柏樹

● 他 釟 鈌也鐵器

● 曾 噌 囓丨 執 持守也

● 入 趇 走也

● 時 濕 潤澤也又水名 隰 上平曰原下平曰丨 溼 同濕

● 鶯 哈 蛇鳴也 邑 縣名四井為丨 揖 拱丨 浥 濕潤也

● 門 赦 赤也笋茸又

● 語 蝬 虫行貌

● 出 楫 舟｜ 膝 脛骨也 葺 收補也 漆 膠也又姓

● 喜 嘶 食｜ 翕 和合也 歙 縮鼻歙氣

譖字韻下平

● 柳 林 叢木也綠｜山名又姓又羽｜又將名 臨 以高｜下 淋 ｜漓雨不止

● 邊 貼 小耳垂貌

● 求 棽 禾枝修｜儷也

● 去 禽 鳥總名又姓 擒 ｜獲 琴 桐｜有五弦七弦

● 地 沉 沒也

● 頗 棔 木名

● 他 疣 腹內病也

● 曾 蟳 兩股八足

● 入 壬 天干名北方之位

● 時 尋 覓不見也七尺曰｜ 潯 水涯 諶 誠信也又姓 燖 以火燎物

● 鶯 淫 奸亂也 霪 久雨也

● 門 霧 ｜雨

● 語 吟 咏｜ 砛 石｜ 芩 黄｜葯名 岑 小山而高 涔 清也

● 出 磳 石門也

● 喜 熊 獸名似豕如人又姓

喥字韻下入

● 柳 立 坐也坐｜健置也 笠 雨具也 太 立本也 粒 米｜

● 邊 趄 日走之貌

● 求 及 至也 芨 白｜葯名

● 去 掐 爪刺也

●地 喥 叱也

●頗 涹 丨染水沸

●曾 集 聚丨 嗺 雞聲

●入 入 納也

●時 十 數名 噆 吞食也 拾 掇也收也 習 時丨 什 同十

●鶯 哈 嗑 蛙聲丨

●門 栟 挺之橫也

●語 岌 危也高不安也

●出 倸 憚丨失志

●喜 空音

29璣字韻上平

●柳 颸 風丨微也

• 邊 卑|下 庳同上又小屋 碑勒功于石也 悲慈|傷| 毸 屄婦人陰戶也 裨補咐|

• 求 璣璿|玉衡察天地之氣 磯水激石 飢餓也又不熟也 譏|諷訓察 基始| 箕簸| 綦倉艾色居喪之服 琚珮玉 姬美女也又|妾侍|又姓

居止處也 涺水名 椐木名也 墍|地 畿天子所居之所 機|開見識又織貝也 臘肉| 裾衣| 錤鎡|鉞也

• 去 臥監也 傴又傾側之貌 區類也分量名也 傴崎|山峻也 摳挈衣使蹈步也 樞門戶也又木名 毆逐也 篋竹器詞吞具也 軀軀身體肌膚

驅馬馳|也 駒馬快曰| 劬勞病苦也 拘執促檢束也又留也 嶇崎| 歐不正也 鴝鳥名

• 地 知覺也識也 蜘|蛛 猪豬家畜曰| 誅刑討不法曰| 邾國名也

• 頗 丕大也 伓有力也 邳下|地名人姓 秠黑黍也 駓馬黃色雜色 蚽虫名 披|開分散

• 他 攄舒| 郗姓也 絺葛之精者曰| 儲太子曰|君 黐|膠黏| 䊓同上

• 曾 之詞語姓 芝瑞草也 支持也派也| 肢四支手足也 巵酒| 鳷鵲旨佳也 脂胭| 梔|子葯名可染黃色 层婦人陰戶也

枝樹|

• 入 ⿰骨奇小骨也

• 時 書紀| 詩|賦文才 舒伸展也 渝水名也 輸費用也不贏也 尸 屍陳也死未斂曰| 施設|也自用之貌 椸衣架也

鳲｜鳩鳥名 需索也求也 濡沾｜也 須｜臾又資用也 鬚口｜ 胥相也助也 湑露多貌又｜酒也 楈木名可作犂柄 稰晚禾也

絲蠶所吐可織為幣帛 蓍蒿屬 思想也 糈糧｜ 蕬菟｜花名 紓緩也

●鷥 衣以布帛為之 依｜倚 伊因也姓也 咿喃吟也 洢｜洛水名在河南 蛜娥兒婦也 猗水名 漪水紋也 醫治病｜也

黳黑也面上水黑痣也 緊帷也是也 鷖鳧｜水鳥 扵 於語助詞 男婦｜

●門 [illegible]人名

●語 [illegible]口｜

●出 且行不進也苟｜苞焦也 沮水名 苴葯名又姓 疽毒｜ 砠土山載石也 蛆白足虫也 菹｜草也 鵙 雎｜鳩水鳥 鴡｜鶚水鳥

痴 癡病也愚也神不足也 差參｜長短不齊 蚩虫也又姓 雌母鳥也 趄行不進也 媸醜貌

●喜 嬉遊戲也 糦黍稷｜也 吹氣逆也 歖相嘆悅樂 唏啼｜ 希少也末也 俙依｜仿佛也 誒大言也 稀少也疏也 熺

熹炽也光明也 嘻嘆聲 歖悅樂 僖樂也小心畏懼 禧福也 熙福也和也光也 虛 虗空也不實也 墟墓也大丘也破城也

噓吹也出口氣也 噫｜聲也 嚱吹聲也 羲｜和官伏｜古聖名 犧｜牲毛純色不雜也 欷悲也

已字韻上上

● 柳女 未嫁也又星名 里 三百六十步為丨鄉丨 理 治絲也又姓 娌 妯丨 旅 祭山川之名 裏裡 內也 鯉 魚名 李 菓名又姓 膂膐 脊骨也

旅 五百人為丨又祭名 俚 鄙也 屢 頻也數也 褸 衽也又襤丨衣破也 縷 同上又草名 履屨 鞋也又卦名 鯉 魚名又鯪丨 旅 行丨

● 邊比 並也又詩之體也 妣 母殁曰丨 彼 引外之辭 仳 丨離

● 求己 私丨 屺 山有丨 圯 橋梁丨 汜 水名 莒 草名又國名 紀 週年為丨又姓也 芑 草名又葯名 几 案也 矩 法也又為方之器

杞 枸丨葯名 麂 鹿丨 筥 竹器方曰筐圓曰丨 籧 同上釣魚筐 舉 薦拔也 莒 國名

● 去豈 曾疑猶態之詞 ⿺辶己起 舉作發造 ⿱艹豈 菜名 齒 口丨

● 地氐 至也又宿名 抵掋 觸也擲也 坻 小沿也又水中高壠 弤 雕弓也 底 安致也又壅滯器 呧 毀丨 邸䣌 客舍也又姓 牴

觝 角丨徘優戲樂也 舐 以舌取物 砥 砌石也 疧 滯也病也 軧⿸广軧軝 大車後又市長轂 秖 古丨 詆 毀丨 ⿰舟氐 三歲牡羊 羝 戰船

胝 皮厚也毛膚木生也 彽 丨佪也

● 頗啚 畫也又郊外之地 秠桮 黑色黍一稃二米也 ⿸广不⿸广否 氣隔不通又腹結痛 ⿰言罘諀 懸言訾毀 胜 胃脘丨 疕 瘡上甲也 匕 同秠 嚭 人名

● 他恥耻 羞愧身慚也 宁 積盛也 伫竚 立也企也 ⿰忄宁 覆棺也 苎 草名為皮可衣 紵 同上又裝衣 羜 未成羊也 ⿰衤宁 敝衣也丨 貯 收藏也

杼 梭丨也 抒 掃持也丨木也 苧 同苎 劇 剝削也 褫褫 革去也

●曾 止息也禁也 渚小洲也 咫八尺曰丨 趾同上 只語詞是也 沚同渚 阯 址基丨又交丨番名其人丨相交 泲 汦水名 祉福丨善也善也

枳菓名跂丨足 主君也又賓丨 㫖 旨甘丨 指丨示也又手指一个也 楮木皮可為紙 褚棉絮裝衣曰丨又覆棺物 紫間色也

帋 紙楮皮所為可以寫字 煮烹丨 胏肉有骨也 黹針丨婦人刺繡也 姊女子先生為丨

●入 癒 瘉病也又病瘳丨 醹酒厚也 庾丨六卜也又露積 愈勝也又過也 乳柔食也 嬭育丨 耳司聽又草名 尔 你

汝 爾我之對也 迩 邇進也 玺 璽玉印帝手傳國寶 禰親廟丨也 伱同你

●時 始初起頭又姓 暑夏氣熱也 矢誓詞 徙移丨 踄 跿 屣履也 蓰物數五倍曰丨 黍穀名稻屬也 死人歿丨 弛遺棄廢釋也弓棄弦

豕家畜猪也

●鵸 椅坐凳也 犄丨角捕鹿 婍好丨 綺縮丨 宇丨宙天地也 扆天子所立屏扆也 苡葯名 苢草名 迆邪行也 扆雅隱翳也廣韻藏也

以用也為意也 已畢也又重丨也 與許丨 予同上又姓 雨水與雲而降 羽禽丨又五音又北山名 禹施也夏王名 瑀石似玉也 楀木名

倚依丨 猗同上又加也

●門 米穀實也 美善好也 尾首丨也宿星名 灖 浘 濔 㳽 瀰水盛滿貌 洱水名 靡丨麗奢侈也 亹勉強不倦也 芈羊叫也又楚姓

弭止也滅也 眯物入目中也 彌止也

● 語 儗僭也比盛也又山名 擬｜議度 譺同上 薿黍稷茂盛 艤整船向岸 語答迷｜ 峿不安貌又山名 [illegible]大也 圄樂器狀如伏虎所以止樂也

圄同上 蟻虫名

● 出 取受獲也 處居也｜士未仕曰士女未嫁曰｜女 侈奢｜ 拸拍｜ 恀悖｜ 齒 歯牙｜ 鼠鳥｜ 癙癙病也

● 喜 喜欣｜ 許與｜ 唏笑聲 憙斿｜ 蟢蜘蛛｜ 栩作也又欣暢貌又姓 珝普偏也大言也敏而有字也 詡大言也

記字韻上去

● 柳 刕割｜

● 邊 庇｜蔭也 ⿰骨比 ⿰骨坒 ⿰骨昆柔體也 ⿰氵𣬈水名水聲 媲｜美配耦也 渒 淠舟行貌 痺冷溼病氣不生｜ 閉掩塞也｜門也 泌水名又水狹流也

怭｜媟慢 毖泉始出又告遠也勤勞也 秘 祕隱也｜ ⿰田必 毗附也 謐密論也 飶芬香也 閟閉止愼幽深處又｜宮魯宮名

馝馬肥又強貌 臂自腕至肘曰｜ 費魯邑名 轡馬韁｜ 韠弓檠也 苾青也又姓 疕人病

● 求 記誌也 薊木名又州名 誋言有則也 痣面上黑｜ 厩馬欄也 既 旣盡也已也小食也 寄寓也附托也 冀望也又州名

屨 罽織也席也 籧粗竹席也又不俯病態也 驥 ⿰馬異良馬也 羈監所也又馬絡也 侣手動急務也 踞蹲｜也牧物而半 ⿰糹居屨頭飾｜

鋸刀｜匠所用也 虡獸名似猴多鬣 蘧 遽急窘戰慄 據依｜ 璩 璩環屬又姓

● 去 去厺往也 棄捐| 氣血| 憩息也 亟數|也 气雲| ⿱吅⿰口巳㗊器具|物| 跂企舉足望|

● 地 智心有見識也 致使也至極|也到也 緻密| 著彰明表|也 置廢|

● 頗 辟 譬|喻 ⿸尸風俗| 屁氣下泄也 睥目旁視觀也

● 他 ⿺辶⿱冖車速也 疐頓也能不行又跲去而| 嚏鼻塞噴| 剃 鬀削髮也 懥忿| ⿰鼻疐鼻噴氣也

● 曾 至到也 志心| 誌記也 痣見上 摯至曳握持也又國名 贄所執以相見也 鷙鳥名

● 入 忮度|

● 時 世代也三十年為一| 卋同上 貰代賒也 恕推己及人之為| 絮敝錦 庶|幾也|民也 勢形|也威也 試考也用也 弑下殺上|

● 鷙 意心所之也 裔後|有子孫也 薏|苡穀名 鷾燕子 医盛弓弩矢器| 飫饜|食飽| 飠乙 饐飯熱溼傷| 曀陰雨風曰|

殪殺死| 陸 ⿸广坴埋| ⿰衤世 袣名言也 ⿰犭壹 豷豕息也 懿美也 瘀血凝滯|也 翳眼病| 瞖同上 ⿰魚夭魚養也

淤泥澱|

● 門 跦足|

● 語 ⿱艹衛人名

● 出 娶丨妻 趣主意也 翅 翄翼也丨 熾 幟旂丨 熾火盛 刺訊丨 莿草木針脫 虜富丨取也

● 喜 戲 戲優也弄也 肺五臟之丨 㯈 餼生物也 愾太息也 㑶怒也丨 欸笑意 戲向視也 饎酒食也

砌字韻上入

● 柳 皵皮起又去皮也

● 邊 靴車聲 撆捧抽起也 鱉 鼈介虫縮頭也

● 求 砌築花階也

● 去 缺破壞不全也

● 地 滴水涩下也 膪喉丨 蔕根丨

● 頗 匌 合姦淫丨

● 他 鉄銅丨 鐵黑金丨

● 曾 摺折疊又皇帝所賜之敀 接迎丨也 唧虫聲也 㾊軟丨小兒頭瘡也 㗗鼠聲

● 入 㤙人名

● 時 薛|姓

● 鶯 檍木名

● 語 矻人名

● 門 抈日入也

● 出 頤頭垂下也

● 喜 嘟口出聲也

其字韻下平

● 柳 籬竹| 螭獸名似蛟無角 醨薄酒| 羅羃也婦人所載| 馿䮫𩦷驢馬頭耳長 鵹鸝黃|鳥名 魑鬼名 婁牽也又愚也

寠狄山之田也 離別|散去 褵縭縷帶婦人之飾 漓灕淋|大雨也 嚹多言又言不正 㦡支|多端也 閭里| 釐 厘分|也又姓

嫠寡婦| 璃琉|似石光亮 樆菓名 蘺蒿也生水中初出可啖 麗高|國名 狸貍狐|獸似犬 纚婦之緯 犛引也|

廬茅屋也田中之屋 驪馬純也又姓

● 邊 脾五臟屬上生化穀食 鼙騎上鼓 枇|杷菓名也 琵|琶胡琴 罷能未 貔獸名 埤 髀同琵

●求奇小異崎山名蕖芙｜荷花也渠深廣貌頍舉首貌岐｜路妓小女娼家也錡三足釜又人名祇祈求也禱｜告求福也

頎長貌其指此而言又祝｜又姓沂淇水名旂旗蛟龍為幟也又倚｜琦玉名棋綦碁奕者舉拱不定｜期

朞約會信又｜年騏馬頭黑也麒｜麟璂環｜祁舒遲鐻戎夷貫耳又樂器瞿戟屬求有弗得之狀鸜鳥名衢通｜大路

耆年八十曰｜蘄州名蘄山名伎｜倆也又足名指技木藝方術也

●去騎跨馬也蜞蟣蟛｜似蟹而小也

●地池沼也又所以養魚也馳馬走也踟躕行不進也篨籧｜竹席也又病不能倚也遲｜緩也墀丹｜天子之階篪樂器以竹為之

籧小鐘琴名坻小渚也訑｜人也

●頗皮覆體也詖偏頗也又險｜不正之意疲｜倦

●他鋤耕作土草也啼泣｜哭｜苔青｜壑｜

●曾緇粿名薯地瓜蠩蟑｜蛙類

●入袻不｜展也儒學者之稱孺幼孩之名鮞魚子名嚅哾多言也美也薷香｜葯名鱬魚名魚身人面俞兪答也

懦顏和悅也瑜美玉也如若似也洳水深下濕也茹茅根也又啜飲食帤袽組所以寒舟漏孔即破衣洏漣｜洏流貌

而 汝也又承上起下之詞 栭 梁上短柱也 逾踰 過也越也 窬 穿｜戶也小｜也 覦 私視欲得之也 臾臾 須｜俄傾也又顓｜地名

萸 朱｜葯名 腴 美也又貼｜ 諛 諂｜甜言也 穤糯 稻之頃者而珠也 榆 梓｜木名 兒 男｜小｜ 児 同上

●時 旹 古｜ 時 刻也 塒 雞栖 匙 鎖｜又茶｜ 提 同上 翅 飛盛貌 蜍蠩 蟾｜ 辭 不受曰｜ 蒔 種｜ 鰣 魚名

●鶯 荑 蓍之始生曰｜ 痍 傷也瘡也 跠 蹲踞 盂 飯器 銕 黑鐵也｜ 旟 鳥魚之旗 匜 洗手器 雩雩 舞｜祭人求雨之處 虵 毒虫蛇名

怡 和协也 詒 同上贈言也 于 於｜ 予余 我也 餘 剩也小餘 移 ｜易 扅 扊｜ 輿 車廡也又堪｜家之稱 轝 肩｜輤也

夷 傷滅也又四｜ 洟 鼻涕 侇 等｜ 姨 母與妻之姊妹曰｜ 桋 木可為車輪 帷 幃｜ 眙 小悅 酏 煮粥也 粭飴 麥芽｜

彝彝彞 常也 頤頥 百年曰期｜

●門 睂 古｜ 眉 目上之毛 湄 水草之交｜ 郿 地名 嵋 峨｜山名也 楣 門上橫木也 微微 無也衰｜也 獼 猴屬長臂 瀰 滿也又盛貌

弥 彌 弓滿足也又久大加 眉 出全鏡也 麛 鹿｜ 麋 大鹿也 薇薇 葯名似葛 靡 然也又爛也 蘼 草名 縻 繫牛靷

●語 宜宐 合｜當｜ 隅 廉｜也 愚 昏昧也 疑 ｜惑 儀 容也又禮｜ 虞 騶｜獸名又國名 ⿰馬虞 同上 娛 ｜樂

●出 徐 緩也又姓

●喜 魚 水族也

具字韻下上

●柳 呂助長也養也又姓 吏治民之官 慮思｜憂疑 濾｜去楂滓 勱助替人世勉｜ 鑢磨錯之器 利｜益也 俐伶｜乖巧也 浰水疾流

蜊蛤｜ 痢｜疾｜ 例常｜ 詈罵｜ 侶伴｜ 籬竹｜ 離分｜去遠 梸木名

●邊 萆 偹 備 備具也｜辦 ⿰麥备 ⿰麥備 糒乾糧也 憊疲極也 髲首飾之被 ⿱髟卑冠飾｜ ⿰身毘體柔｜ 粃 秕黍屬不成穀也

⿰亻坒行步｜ ⿰犭坒｜犴牢 笓 篦櫛｜ ⿰骨坒 ⿰骨毘股也臀｜ 埤 俾使也益也 ⿰土畀增也厚｜ 婢女｜姦｜ 仳離別｜ 坒配合｜也

坒地相次有等級也 ⿰犭比 豼 貔豹屬 肶 膍厚牛也壯也 紕 ⿰糸坒織紝也 裨補益附助之｜冕冠曰｜ 避逃｜ 鷩鳥似山雀長尾也

薜｜荔香草 庳國名 濞水暴至聲 擗城上垣｜ 贔｜屭作力

●求 具｜備器用也 俱皆｜ 颶海中大風 秬穀屬黑黍一稃二米 距雞後爪也又刀鋒利也 ⿰舟巨船｜ 鉅呂墻｜ 柜恐｜

炬束蘆燒照路 芰水菓也兩角為菱四角為｜ 椇器｜ 技｜藝 巨大也 詎未知詞也 ⿰犭巨 駏｜驢獸名 惧 愳 懼恐｜

伎｜兩 妓女樂｜

●去 柹草名 ⿰女忌怒｜也 ⿰月忌跪｜ 忌畏｜也又姓 鵋鳥名

●地 穉小兒曰｜幼又物幼小曰｜ 稚同｜ ⿱艹稚草芽也 雉野雞也又城五堵為一｜ 彘豕也又姓 篱籬屬 箸同上 治理也天下太平曰｜

痔丨瘡　庀古丨　匏同上　值遇也當時也　筯竹為之以助食

●頗　被覆寢也

●他　趨人名

●曾　住停止也　⿱山往山名　柱棟梁也　巳地支丨　聚丨合也　炷香丨　駐馬立丨

●入　二　餌斷餅也　⿰飠示同上又祭也　字文也丨　裕寬也丨　⿰亻貳副益　喻譬丨曉丨　諭同上又告丨　弍　貳疑也不一也

樲脂肥丨　⿰二刂削也　咡口旁也　刵截耳　珥填耳瑱也　餌引釣魚也　鉺鉤也婦人首飾也　誀以言驚人也

●時　侍隨丨　恃依賴也　秲大木也　峙峻丨也山峋也　尌　豎　竪立也　序次丨人學名　敘　敍陳也述也　溆　⿰氵與水名

萸美也　示告丨教丨　視瞻丨　眎　眡同上見周禮　⿰貝示呈也　⿰口示　嗜慾也飲也　耆丨老　署官舍也　曙旦曉也

緒統也又姓　寺山丨監丨　諟此也　嶼海中洲丨　是然丨　氏姓族　禔安福丨也　鯷　鱮魚名　⿰米是粘也　豉豆丨

●鷔　易不難也備也輕丨　異奇怪也不同也　异同上古丨　⿱艹異連翹草也　貤延連也　預參也同豫及　豫悅樂也安逸也先也卦名　肄嫩條又餘習也

蕷山葯也　澦灩丨水色　譽名丨也又稱人之善又姓

●門　未地支名　味物之有五丨也　菋五丨葯名　寐臥息閉目藏神曰丨　謎猜語也

●語 詽猜語也 衙侍撫純治也又車| 馭使馬也 誼誼義宜也與利相反 噳笑| 庽寓寄居暫宿也 遇相逢不期而|

毅果敢 羿善射人之 俄

●出 市街| 飼食也

●喜 耳兩傍也|

蝕字韻下入

●柳 裂破| 㱟小畫也 劙劙割直破分破|

●邊 踾踏也聲也

●求 堨盡也

●去 臞疲| 癯病|

●地 碟小盤也

●頗 僫下高也

●他 怢分離|

● 曾 舌 口中物也 攕 折也

● 入 卄 廿 二十也

● 時 蝕 小侵大也又日月虧曰｜

● 鶯 胅 臆 [illegible] 猪脂

● 門 [illegible] 竹｜

● 語 [illegible] 口｜也 蟻 虫｜ 擬 ｜罪也又密｜也

● 出 蠘 蠘 ｜屬 囃 口也

● 喜 烢 人名

30 趜字韻上平

● 柳 鰍 泥｜魚名 六 ｜官 [illegible] 同｜ 粲 尾｜

● 邊 滮 水流貌 彪 虎屬 飍 天風｜ 驫 馬走也

● 求 趜 足不伸也 瘷 縮也 虬 蚪 龍屬無角 疝 腹疾痛急 ㄐ 相糾繚｜

● 去 丘四邑為| 坵田|段也 鳩鳥名 樛束也又姓 蚯|蚓 邱地名又姓

● 地 丟擲也

● 頗 呼吹|

● 他 抽引拔也 瘳病愈也

● 曾 州各省|府又姓 洲水中可居一地 舟能也 徟浪行| 侜|張 周遍也又姓 週遍延也 啁噍山鳥群飛貌 賙口姓也 𠘧古字

● 入 猱 獶什種子不知父母

● 時 收 収斂也聚也 修理也 脩脯束也長也 羞愧| 饈膳|也又珍|美味也 攸縣名在長沙

● 鶯 憂苦也 優戲也又有餘也 幽深處也黑音也 呦鹿鳴聲 麀牡|也 卣氣行

● 門 𢆶人名

● 語 𠯈口|

● 出 秋 烋 龝四時之名也 湫水名不容濁穢也 啾唧蟲聲也 鶖鳥名似鶴長頭貪惡 鞦馬|也又|韆 緅 緧|紂 鍬

鍫重| 甃井|結砌| 鬏口上毛也 鰌人名

●喜 鵂（｜留怪鳥也） 烋（和美也） 貅（猛獸｜） 休（息也善美也） 咻（痛念也） 庥（庇蔭也）

久字韻上上

●柳 栁 柳（木名宿名又姓） 杻（木名又手械｜） 狃（狎習也又｜驕也） 罶（取魚具也） 廇（中庭也屋樑也） 溜（水行流貌也） 紐（結也又姓） 霤（屋也又中｜之神又屋水流）

忸（怩也狎玩也習慣也） 鈕（斂衣之物也） 䏔 肘（臂節骨也） 懰（好｜）

●邊（音空）

●求 久（長遠也） 九（數名） 糺 糾（絞也急也） 赳（武勇有力） 玖（石次玉者）

●去 搝（手揭擧也）

●地 鎢（人名） 肘（手後｜也）

●頗 謅（人名）

●他 丑（地支名）

●曾 帚 箒（所以掃除塵埃也） 啁（群鳥鳴聲） 守（白音） 酒（米所熬｜） 𧳜（獸名）

●入 揉（矯｜造作也治也） 蹂（踐踏也） 糅（雜也） 煣（以火屈申其物） 輮（車｜）

● 時守執|手|足首𦣻元始也

● 鶯有實多也友朋|酉地支也卣中尊盛鬱鬯之器栖積柴燎也莠木之草名誘引|牖窗道也又地名懮憂屬黝人名

● 門⿸广夾⿸广⿱夾貝人名

● 語嗅口|也

● 出醜惡也也魗惡弄也手|足

● 喜朽腐也疞病小也⿰飠臭|爛也

究字韻上去

● 柳澑溜水下流也嬼美妖也嫠婦也

● 邊愚人名

● 求究考|也椎尋也疚久病也救|助物也

● 去赾破行也⿰足斤行貌⿰鼻斤抑鼻也

● 地晝日中也又|夜咮鳥啄也

●頗 妞人名

●他 篴人名

●曾 呪 訧丨語也 蛀虫小齒 洲行也

●入 傷始也 瘷丨宿丨

●時 秀貌也未吐花曰丨 琇石次玉 銹 鏥 鏽錦衣也

綉錦丨 繡畫衣五采也 首出丨 宿星名 守諸侯為天子丨土

狩冬獵曰丨天子適諸侯曰巡丨 獸四足之總名也

●鶯 幼 㓜小兒曰丨

●門 妙

●語 蘬人名 ●出 臰 殠惡氣也

●喜 嗅雉鳴也 溴水名又梁草刀 糗飲腐丨 臭惡味也

嘈字韻上入

●柳 雡人名

●邊 衄鼻血也

●求 嘈人名

●去 醜面醜

●地 紂人名

●頗 樓木名

●他 㨨人名

●曾 啁鳥子群沸迫急之聲

●入 綇人名

●時 [illegible]人名

●鶯 粬人名

●門 貁獸名

● 語 吽牛聲丨

● 出 篍人名

● 喜 㷌驚貌

求字韻下平

● 柳 流水行也 留 畱停住也 鶹丨怪鳥名 瘤丨腫也 騮 騮 驑駿馬也 遛行不進也 蒥香草丨 榴 橊菜名

鐂 劉殺也枝葉踈淺又姓 鎏黃金之美 硫 磂丨磺 瑠 璢 琉美玉有光彩也 旒 旈冠名丨 瑬冕冠前後有垂玉丨 瀏水清

● 邊 伯 蒲人名

● 求 求索也 俅恭順也冠飾也 捄曲也 毬綉丨也 裘皮服丨服 觩角上曲也 絿同毬 銶金屬又角斧也 逑匹也合聚 仇丨讎 球美玉

● 去 繆 瘷手足未縮也

● 地 幬眾也等類也 噂誰也 疇田丨 籌丨算也丨畫也 躊丨躇 稠丨索也暖也 裯單被也 綢絲屬 惆丨悵悲愁也 紬丨緞

● 頗 呝人名

● 他 頭 㔎首也

●曾 啾虫名

●入 柔丨爽也順也又弱也 鰇魚名 揉以手揭物也

●時 囚拘罪人也 售賣也 讎 讐仇丨也 酬 酧 醻賓主相酌曰丨 泅浮行水上也

●鶯 輶 輏輕車也 斿旌旗之垂為 游 遊遨丨 游浮水而行丨 郵 郵驛也傳書之舍曰置丨 蝣 蝣蜉丨朝生暮死也 遙 遙徐行相隨也

由因丨 油脂膏也可以灼火 尤 尢怨甚也過也 猶似也又丨豫不決也 遒 遒急迫也健勁也 猷嘉謀也巧言也 酋終也酒熟也

蝤水虫也白也 緧馬紂丨 槱積柴燎以祭物 悠思之甚也 滺水流貌 攸為女擇配曰相丨又自得 艕船丨

●語 牛丨羊 芊見上

●出 紬導系緒引其端也

●喜 裘衣丨

舅字韻下上

●柳 鬸再消丨煮取熱也 鰡魚名 溜霤水

●邊 篠人名

●求 舅母之兄弟曰丨 舊見上 臼唇丨又姓 咎丨悔又姓 舊新丨 匛 柩棺丨

●去 卿軟丨

●地 宙宇丨天地也 軸 伷 冑甲丨裔丨 ⿰言由訓祀也 稍稻實 鞦 紂馬後鞦又謚法殘害善良曰丨 酎新釀之酒也

●頻 ⿰口帚人名 ●他 蔓人名

●曾 就成丨也 僦賃傭也 鷲大鶴色多子又西之靈也 訧諛丨

●入 餗雜飯也

●時 袖衣袂丨 岫山之有穴曰丨 ⿰衤受衣也 ⿰⿱九合斤久合歲也 壽 寿丨考 ⿱爫可古丨 受承丨 授竹子也 ⿰口受 ⿰言受口受丨也

綬組也所以佩印也

●鶯 祐神庇也 又再也 ⿰木右 柚菓名 賄丨食 佑佐助也 侑 姷勸食也酧酢也 宥赦丨 囿苑也 右左丨

●門 謬差丨 ●語 吁人名

●出 樹 樹大木也

●喜 復再丨

卷六終